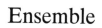

Ensemble

Du même auteur

*Témoignage*, XO Éditions 2006.
*La République, les religions, l'espérance*, entretiens avec Thibaud Collin, Philippe Verdin, Le Cerf 2004.
*Libre*, XO Éditions / Robert Laffont 2001.
*Au bout de la passion, l'équilibre*, entretiens avec Michel Denisot, Albin Michel 1995.
*Georges Mandel, Le Moine de la politique*, Grasset 1994.

Nicolas SARKOZY

# Ensemble

EDITIONS

ISBN : 978-2-84-563-345-2

# I

## Ma vérité

Mes chers compatriotes,

L'élection présidentielle est un moment de vérité.

C'est un moment de vérité pour la nation. C'est le moment où elle se prononce sur l'essentiel, sur les principes, sur les valeurs au nom desquelles elle veut être gouvernée. C'est le moment où elle se donne une perspective, où elle se met en accord avec elle-même sur la direction qu'elle veut prendre. Trop souvent au cours des dernières décennies, ce rendez-vous de la France avec elle-même a été manqué. Trop souvent la pensée unique et le politiquement correct ont stérilisé le débat. Trop souvent l'ambiguïté a prévalu, de sorte que les Français ont eu le sentiment qu'on voulait leur imposer après les élections des politiques qu'ils n'avaient pas choisies. Faute de clarté, de sincérité, de courage pendant la campagne présidentielle, faute d'avoir eu à se prononcer sur un choix clair, les Français se sont souvent sentis trahis après les élections.

De rendez-vous manqués en paroles non tenues, la défiance a grandi et la France a pris du retard. La France a déjà trop attendu pour décider si elle veut épouser son temps ou si, à contre-courant du monde, elle se refuse aux changements. En vérité, l'alternative est limpide. Soit nous continuons à nous satisfaire d'une démocratie politique et sociale qui fonctionne si mal qu'un Français sur deux ne vote pas ou vote pour les extrêmes, soit nous décidons de relever ce formidable défi qui consistera à faire de la France, dans le monde tel qu'il se transforme, une démocratie exemplaire.

L'élection présidentielle, c'est pour un homme une épreuve de vérité.

C'est la mise en jeu de la vérité d'un homme. Cette vérité, je vous la dois.

J'ai décidé d'être candidat parce que je ne me résigne pas à rester sans rien faire face aux difficultés que rencontre notre pays.

J'ai décidé d'être candidat parce que je ne me résous pas à laisser à nos enfants un monde où l'avenir a cessé d'être une promesse pour devenir une menace.

J'ai pris cette décision en pensant à tous ceux qui souffrent à cause de la démission de la politique.

Ma vérité, c'est que je crois en la politique, en sa capacité à transformer le monde. Je récuse la pensée unique, cette pensée du renoncement qui nous étouffe depuis si longtemps et qui porte une lourde responsabilité dans la crise profonde que nous traversons.

Je récuse l'idée absurde selon laquelle il n'y aurait qu'une seule politique possible, celle de l'impuissance publique, que nous serions condamnés à continuer à faire ce que nous faisons depuis vingt-cinq ans, que nous serions condamnés à perpétuer nos échecs et à demander aux Français de prendre leur mal en patience en faisant toujours plus de sacrifices pour rien.

Ma vérité, c'est que je crois qu'une autre politique est possible.

J'ai la conviction que beaucoup de choses doivent changer, que beaucoup d'injustices peuvent être réparées. Je ne veux pas me résigner. Je refuse la fatalité du chômage de masse, de l'immigration non maîtrisée, de l'intégration ratée de dizaines de milliers de jeunes, de la promotion sociale en panne, d'universités françaises condamnées à la médiocrité dans les classements internationaux…

Fils et petit-fils d'immigré, la France est ma patrie. Après avoir tant reçu d'elle je veux lui donner à mon tour.

La France a toujours été pour moi le pays à nul autre pareil et j'ai toujours rêvé pour elle d'un destin d'exception où la médiocrité ne saurait avoir sa place. Je suis triste de la voir échouer là où tant d'autres réussissent. Je me refuse à considérer son déclin comme inéluctable.

À ceux qui m'ont offert en partage son histoire, sa culture, son idéal, je devais d'aller au bout de mon engagement. Je le devais à ceux qui m'ont initié à sa grandeur, qui, me la faisant aimer, m'ont donné la fierté d'être Français et la passion de la politique.

Ne pas me résigner au déclin de la France, je le dois au souvenir de mes instituteurs, qui croyaient dur comme fer que la connaissance peut sauver le monde et que l'ignorant n'est pas un homme libre. Ils nous faisaient réciter des leçons de morale et des fables de La Fontaine. Ils parlaient encore de la France comme on parle d'une personne. Ils nous apprenaient : « nos ancêtres les Gaulois », pieux mensonge qui était un acte de foi dans une nation fraternelle, car nul ne peut se sentir supérieur à celui avec lequel il s'invente des ancêtres communs. Derrière leur allure sévère, ils voulaient nous aider à devenir des adultes et non de grands enfants.

Ne pas me résigner au déclin de la France, je le dois au souvenir de mon grand-père. Il était né en Grèce, à Salonique. Il avait combattu pour la France pendant la Grande Guerre. Tous les 11 novembre, il m'amenait à l'Arc de Triomphe et me hissait sur ses épaules pour voir passer le général de Gaulle allant se recueillir sur la tombe du soldat inconnu au milieu d'anciens combattants couverts de médailles et dans le regard desquels se lisait encore l'horreur des tranchées.

Ne pas me résigner au déclin de la France, je le dois à ces héros de la France libre et des maquis qui ont accompagné mes premiers pas en politique. Ils avaient préservé l'honneur de la France. Ils l'avaient reconstruite. Ils avaient sauvé deux fois la démocratie, créé la Sécurité sociale, fondé la V$^e$ République, réussi la décolonisation, réconcilié la France et l'Allemagne, construit l'Europe. Je les admirais. J'admirais Chaban, général de la Résistance à vingt-neuf ans. J'admirais Messmer qui s'était battu à Bir Hakeim. J'admirais Malraux, écrivain génial, aventurier téméraire, ministre hors norme, qui avec sa voix d'outre-tombe faisait revenir d'entre les morts pour faire la leçon aux vivants un peuple d'ombres martyrisées. J'avais neuf ans à peine, quand il a prononcé son discours pour le transfert des cendres de Jean Moulin au Panthéon et fait défiler au son lugubre des tambours les résistants défigurés par la torture, les tondus des camps de concentration, les maquisards, la dernière femme morte à Ravensbrück, Moulin, la face ensanglantée, arrivé aux limites de la souffrance « sans jamais trahir un seul secret, lui qui les savait tous ».

J'admirais Achille Peretti, le maire de Neuilly auquel j'ai dû mon premier mandat de conseiller municipal. Il avait fondé pendant la guerre et dirigé avec un réel courage le plus grand réseau de résistance de la police.

Ces hommes de l'histoire ne parlaient du passé que pour enseigner le futur. Ils ne cessèrent jamais d'enfanter l'avenir. Du programme du Conseil national de la Résistance à celui de la Nouvelle Société, ils furent toujours en avance sur leur temps. Ils n'avaient pas de nostalgie. Ils ne furent pas les gardiens d'une doctrine dont le général de Gaulle n'avait jamais voulu. Ils furent les derniers témoins d'une histoire qui, à travers eux, à travers leur vision de l'avenir, nous parlait encore. Je leur dois beaucoup.

Ils m'ont appris le gaullisme : une éthique, l'exercice du pouvoir comme un don de soi, le sens de l'État, la conviction que la politique a pour but d'unir les Français, non de les diviser, et que rien n'est jamais perdu dès lors que dans le cœur d'un seul homme la flamme de la résistance ne s'est pas éteinte.

Ils disaient que dans le monde tel qu'il était la France ne pouvait continuer à exister que si elle le voulait et que face à son déclin on n'avait jamais le droit de répondre : « Je n'y peux rien. » Cet appel à renoncer au renoncement, ce « non » à la fatalité me toucha au plus profond de ce que j'étais et donna un sens à mon engagement.

Ces derniers témoins d'un temps où la politique s'est confondue avec l'épopée et avec le patriotisme m'ont enseigné la fierté d'être Français. Ils m'ont appris à croire à la politique. Le souvenir de ce qu'ils furent m'obligeait à aller au bout de mon engagement. Eux n'ont jamais dit : « À quoi bon ? » Ils ont toujours fait ce qu'ils devaient faire, comme le marin de l'île de Sein ou le paysan du Vercors. Et aucun d'entre eux ne s'est jamais dit que cela ne servait à rien.

\* \*

\*

Être fier d'être Français n'est pas l'expression d'un nationalisme agressif, d'une arrogance culturelle ou d'un patriotisme dépassé. Être fier d'être Français c'est être conscient de tout ce que nous avons reçu en héritage, de tout ce qu'incarne la France dans le monde d'aujourd'hui, des responsabilités particulières qui sont les nôtres dans le monde moderne.

Le général de Gaulle et Georges Pompidou avaient tant fait pour la nation, pour la République et pour l'État que ceux-ci avaient cessé pendant longtemps d'être des enjeux politiques. Aujourd'hui où la nation s'abîme dans la repentance et la haine de soi, la République dans le communautarisme, la discrimination et l'exclusion, l'État dans la bureaucratie et l'impuissance, voilà la nation, la République et l'État de retour au cœur du débat politique.

Enfant d'une époque de paix et de prospérité où les fils étaient assurés de vivre mieux que les pères, entré dans la vie politique en un temps où il n'y avait à choisir qu'entre la liberté individuelle et le collectivisme, j'ai vécu avec tant d'autres la chute du mur de Berlin comme la fin d'une histoire vouée à la tragédie, comme la promesse d'une paix éternelle et d'une humanité réunifiée par la démocratie et les droits de l'homme, comme le commencement d'une ère où l'abondance allait enfin vaincre la violence.

Dépouillée du drame et de la tragédie, la politique n'était plus qu'un jeu de pouvoir et une affaire de gestion. J'avoue avoir longtemps, peut-être trop long-temps, pris du plaisir à ces jeux. Aujourd'hui mon rapport à la politique a changé. J'ai cessé de faire de la politique avec cette sorte de jubilation que j'ai si long-temps éprouvée.

La gravité a remplacé le plaisir. Le jeune homme épris d'aventure et prêt à tout sacrifier à son ambition que j'étais est devenu un adulte plus apaisé. Je sais maintenant qu'on ne joue pas avec le destin d'un peuple. Je mesure la charge qui pourrait m'échoir dans quelques semaines si les Français me font confiance. J'ai conscience que je n'ai pas le droit de me dérober alors que la France n'a que trop tardé à s'engager dans la voie du progrès, du futur, de la modernité.

Je me dois d'être à la hauteur des espoirs que placent en moi ceux qui sont prêts à me faire confiance. Je sais que je n'aurai pas le droit de décevoir.

*   *

*

Depuis dix ans, le monde a beaucoup changé. Il y a eu le 11 Septembre, le 21 avril 2002, le « non » à la Constitution européenne, l'émergence de la Chine et de l'Inde. L'ère de l'abondance s'est achevée. L'ère de la rareté a commencé.

La France a changé. Elle traverse une crise d'identité sans précédent, son modèle d'intégration est en panne, son modèle social est en faillite, sa cohésion s'effrite. Un doute terrible s'est emparé d'elle. Elle doute de ses valeurs, de son avenir, de son identité, de sa vocation.

J'ai changé aussi. La vie m'a changé. À cinquante ans, je ne me pose pas la question du sens de ma vie de la même manière qu'à trente ans ou à quarante ans. Je ne me sens plus obligé de tout prouver. J'ai gagné en sérénité, peut-être aussi en sagesse. J'ai appris à prendre du recul. L'expérience m'a incité à ne pas sur-réagir. Pour passer quatre années sans encombre au ministère de l'Intérieur, c'était sans doute vital.

J'ai changé parce que l'exercice du pouvoir m'a changé.

Il m'a ouvert à une partie de l'humanité que je ne connaissais pas. J'y ai découvert la souffrance, la vraie souffrance, celle de la victime éperdue de douleur et de chagrin. J'ai compris qu'en chacun de nous, il y avait une ressource inépuisable d'énergie pour peu que l'on sache la solliciter.

À l'inverse de beaucoup, l'épreuve du pouvoir ne m'a pas convaincu de l'impuissance de la politique. Elle m'a convaincu au contraire que la politique porte une responsabilité écrasante dans les difficultés que rencontrent aujourd'hui les Français. Elle m'a convaincu que la politique a le devoir moral d'agir et qu'elle le peut. On appelle souvent « culture de gouvernement » la culture du renoncement pour laquelle rien n'est jamais possible. Je veux une autre culture de gouvernement : la culture de la responsabi-lité et de l'action, la culture du résultat, la culture de la nécessité et du devoir d'agir pour laquelle tout devient possible à partir du moment où on le veut vrai-ment. Je partage l'analyse de Régis Debray quand il dit que « l'homme d'État est celui qui veut les consé-quences de ce qu'il veut ». Je me sens prêt. Prêt à assumer les conséquences de mes décisions, de mon engagement, des responsabilités que les Français voudront bien me confier.

Quand on se trouve confronté à la misère et au malheur, quand on doit répondre à l'appel désespéré de ceux dont on est le dernier recours, on regarde la politique autrement. Elle prend fatalement une dimension plus grave. J'ai intégré cette gravité dont je sous-estimais la réalité avant d'être confronté à l'exercice du pouvoir.

Quand le ministre de l'Intérieur affronte le regard plein de douleur des parents d'une jeune fille atrocement brûlée vive par des voyous, quand il doit faire face à des émeutes où à chaque instant un innocent risque sa vie par l'inconscience des autres, la responsabilité écrasante de la politique devient une évidence.

Quand le ministre des Finances a entre les mains le sort de milliers d'ouvriers menacés par un dépôt de bilan ou une délocalisation, quand il est confronté à l'exclusion, à la pauvreté, au chômage, à ces milliers de gens qui n'ont même plus un toit et qui viennent mourir de froid sur les trottoirs, il ne peut plus penser la politique autrement qu'en fonction de ses conséquences et de ses résultats.

L'homme politique ne se sent responsable que de lui-même. L'homme d'État sait qu'il est responsable des autres et que cette responsabilité, il ne peut pas l'éluder. Il sait que ses décisions peuvent avoir des conséquences lourdes sur la vie d'un grand nombre de gens. J'ai appris à mesurer et à comprendre cette gravité. On ne gouverne bien qu'en se sentant concerné directement par le sort de ceux que l'on gouverne. Il faut être capable d'un engagement total. Je m'y suis préparé. La morale de la politique que je me suis forgée, c'est que l'on n'a pas le droit d'infliger aux autres des sacrifices que l'on ne serait pas capable de s'infliger à soi-même.

On ne fait pas les mêmes efforts pour sauver Alstom selon que l'on ne se sent pas concerné par le sort de ces milliers d'ouvriers capables de fabriquer des réacteurs nucléaires et des TGV, ou selon que l'on prend en partage leurs angoisses et leurs espoirs comme si l'on tenait entre ses mains la destinée d'un père ou celle d'un fils. À Bercy, mes conseillers m'expliquaient qu'aucune solution ne permettrait de sauver Alstom. Je leur ai demandé de réfléchir comme si leur père travaillait dans l'entreprise. Ils ont trouvé des solutions. On me disait : la Commission européenne s'y opposera. Je me suis battu à Bruxelles. Finalement tout ce qui était prétendument impossible est devenu possible. On me disait : c'est antiéconomique, les marchés seront contre. Moribonde il y a trois ans, aujourd'hui Alstom est sauvée, ses carnets de commande sont pleins. Elle a même battu tous les records de progression en Bourse. Voilà une belle leçon pour les experts en fatalité.

En politique, la frontière entre le possible et l'impossible est souvent celle que trace la volonté politique.

Et c'est vrai que l'on ne met pas la même énergie à résoudre un problème selon que l'on se sent ou non concerné ou ému.

C'est vrai que l'on ne met pas la même force à essayer de sauver une entreprise selon que le sort de ses salariés vous tient ou non à cœur.

C'est vrai que l'on ne met pas la même ardeur à lutter contre la pauvreté selon que l'on reconnaît le visage de sa mère dans celui de toutes les mères qui souffrent de ne pas avoir les moyens d'élever dignement leurs enfants ou selon que l'on ne mesure la pauvreté qu'à l'aune de la statistique.

Pour faire dignement de la politique, il faut aimer les gens et les respecter, prendre en partage leurs joies et leurs peines. Je sais bien ce que ce propos peut avoir de convenu. Et pourtant, je voudrais que l'on me croie. J'aime la politique parce que j'aime les autres. Je les aime au sens où leurs vies, leurs destinées, leurs avenirs m'intéressent. Où est la dignité de la politique si elle ne reconnaît pas une utilité sociale au plus humble des citoyens, si elle ne confère pas une valeur infinie à chaque personne humaine ?

La politique ne peut pas tout. Mais il est sûr qu'elle ne peut rien quand elle ne veut rien. Ce n'est pas d'abord un problème technique. C'est d'abord un problème moral. Ma conviction est qu'il ne faut pas faire de politique quand on est persuadé par avance que la politique ne peut rien contre le chômage, la misère, la crise du logement, la baisse du pouvoir d'achat ou l'immigration clandestine. Il ne faut pas faire de politique quand on est persuadé que la politique ne peut rien contre l'analphabétisme, l'inculture, l'injustice ou l'insécurité.

À quoi bon s'engager en politique si l'on est par avance persuadé qu'il n'y a rien à faire pour empêcher de pauvres gens de mourir de froid sur le trottoir ?

À quoi bon s'engager en politique si l'on est par avance persuadé qu'il n'y a rien à faire pour arracher les personnes âgées à leur solitude, les empêcher de mourir dans l'oubli et le dénuement, leur permettre d'achever dignement leur vie ?

À quoi bon s'engager en politique si l'on est par avance persuadé que l'on ne peut rien faire contre la ségrégation, le communautarisme, la discrimination, le racisme ou l'antisémitisme, rien contre les dérives du libre-échange ou les excès de la finance globale, rien contre les atteintes aux droits de l'homme ?

À quoi bon s'engager en politique si l'on accepte comme une fatalité le pillage des ressources de la planète et le réchauffement climatique qui provoqueront demain des guerres de la faim et de l'eau qui pourraient bien être les plus terribles que l'humanité ait connues parce qu'elles seront les plus désespérées ?

L'équilibre du monde est menacé par des déplacements massifs de populations fuyant la misère, par le choc des civilisations que préparent le terrorisme, l'intolérance et le fanatisme, par les dumpings monétaires, sociaux et écologiques qui creusent dans les pays développés des inégalités insupportables sur fond de guerre économique et commerciale. Dans ce monde instable et dangereux, le responsable politique détient entre ses mains, pour le meilleur et pour le pire, une petite parcelle de l'avenir de l'humanité. Cette responsabilité si particulière doit peser lourdement sur la conscience de celui qui postule à une telle charge.

*   *

*

J'ai commencé à comprendre la dimension tragique de la politique en écrivant au début des années 1990 la biographie de Georges Mandel. Je voulais tirer de l'oubli cet homme exceptionnel qui, par bien des aspects de sa personnalité, incarnait ce que j'aurais voulu être. Son souvenir s'était perdu dans les replis des derniers grands drames de notre histoire.

De ces mois de tête-à-tête avec cette destinée glorieuse, je suis sorti transformé. J'avais voulu réparer une injustice, changer le regard des autres sur Mandel. J'avais changé mon regard sur la politique et… sans doute sur moi-même.

La passion de la politique saisit Mandel très tôt et le jette dans les bras de Clemenceau. En 1917, il devient son directeur de cabinet à la présidence du Conseil. Il a trente-deux ans. À l'intérieur, à l'extérieur, partout, Clemenceau fait la guerre. Mandel la fait avec lui. Il a sa part dans la victoire. En 1919, il est député. En 1934, il est ministre des PTT. Il développe la radio, fait diffuser les premières émissions de télévision. Il résiste aux syndicats, met les facteurs sur des vélos, réduit les coûts, améliore le service, décide de la construction de la Maison de la Radio. En 1938, il est ministre des Colonies. En mars 1940, il est ministre de l'Intérieur. Depuis l'arrivée de Hitler au pouvoir il prévoit la guerre. Il ne cesse de militer pour que la France s'y prépare. Au milieu de la débâcle, il est l'un de ceux qui plaident pour la résistance. Le 16 juin, le maréchal Pétain devient président du Conseil. Mandel n'est plus ministre. Le 17, il refuse de s'embarquer pour l'Angleterre. Il est arrêté puis relâché. Il refuse une deuxième fois l'offre britannique. Le 21, il part sur le *Massilia* vers l'Afrique du Nord avec Daladier, Jean Zay, Mendès France et une vingtaine de parlementaires. Le 27, il est arrêté au Maroc. Il ne recouvrera plus jamais la liberté. Le 12 septembre, il est interné près de Riom avec les dignitaires de la IIIᵉ République que Vichy veut faire juger. En novembre il est transféré près de Châteauroux, puis en janvier 1941 dans l'Ardèche. En novembre 1941, il est enfermé au fort du Portalet. Le 20 novembre 1942, il part pour l'Allemagne. Il est mis six mois au secret dans le camp d'Oranienburg. En mai 1943, on l'installe avec Léon Blum dans une petite maison en bordure du camp de Buchenwald. Le 28 juin 1944, la Résistance exécute le milicien Philippe Henriot, ministre de la Propagande de Vichy. La Milice veut le venger. Mandel est rapatrié en France. Le 7 juillet, on l'enferme à la Santé. Quelques heures après, des miliciens le tirent de sa prison et le font monter dans une voiture. Pendant le trajet il parle à ses futurs bourreaux de son amour de la France. Arrivés dans la forêt de Fontainebleau, ils font descendre « Mandel le Juif » et ils l'abattent d'une rafale de mitraillette. Un jour, il avait dit : « Je suis un homme politique, je ne m'en défends pas, je vivrai vingt, trente, quarante ans, je ne sais pas, mais tant que j'aurai un souffle de vie je ferai de la politique. » Durant toute sa vie, il n'avait cessé de mesurer la responsabilité que la politique faisait peser sur lui, l'obligation morale qu'elle lui imposait. Pendant des années, toutes ses décisions, tous ses choix lui avaient été dictés par sa volonté de tout faire pour conjurer le désastre qu'il pressentait. Pendant des années, ses décisions, ses choix furent contrecarrés par les décisions et les choix de tous ceux qui n'avaient pas compris la vraie nature de l'hitlérisme, ou qui l'ayant trop bien comprise s'en étaient faits les complices. Pendant des années, Georges Mandel, comme Charles de Gaulle, eut contre lui tous ceux qui ne voulaient rien entendre, rien voir, rien comprendre. Chacune des décisions politiques qui furent prises au cours de ces années, même la plus infime, eut sa part de responsabilité dans la tragédie. La plupart de ceux qui les prenaient ne pesaient pas sérieusement les conséquences qu'elles pouvaient avoir. Comme souvent, ils ne voyaient la politique qu'à travers le prisme de la gestion. Ceux qui dans les années 1930 votent la réduction de la durée du service militaire ne pensent de bonne foi qu'à l'économie des deniers publics et au bien-être de leurs concitoyens. Et quand Laval en 1935 refuse d'augmenter le budget de la Défense nationale, il ne voit absolument pas ce qu'une telle décision pourrait avoir de dramatique. Le Front populaire ne le verra pas davantage quand il imposera en 1936 les 40 heures dans les industries d'armement.

C'est en visitant en Israël le mémorial de Yad Vashem dédié aux victimes de la Shoah que j'ai ressenti le plus profondément cette dimension tragique de l'histoire et de la politique. Je me souviens, au bout d'un long couloir, de cette grande pièce avec des milliers de petites lumières et des prénoms d'enfants prononcés à voix basse de façon ininterrompue. Je me souviens de l'émotion qui m'a pris à la gorge. On ne sort pas indemne d'un tel lieu. J'entendais le murmure des âmes des enfants morts. Ils avaient deux ans, trois ans, cinq ans… Ils portaient le souvenir de ce que l'homme est capable de faire de plus monstrueux. Aujourd'hui encore, je me demande comment une telle ignominie a été possible en plein cœur de l'Europe du XXe siècle. Cela en dit long sur ce que l'on décrit comme le progrès de la civilisation.

La politique a partie liée avec la comédie humaine et plus encore avec la tragédie. Elle peut être source de vie et d'espérance, elle peut l'être aussi de mort et de désespoir. On dit qu'avec la globalisation elle est devenue impuissante. On se trompe. Hier comme aujourd'hui elle peut engendrer le meilleur ou le pire selon qu'elle s'appuie sur la raison ou sur la folie des hommes.

En politique je ne fais plus la guerre. Je ne cherche plus à vaincre. Je cherche à convaincre. J'ai des adversaires, je n'ai pas d'ennemi. Je n'ai aucun esprit de revanche. J'ignore jusqu'à l'idée même de la haine. Je ne connais pas la nostalgie. Je me projette à chaque instant dans l'avenir. J'ai besoin de faire, de bâtir, de construire. Je me suis fixé un défi : faire de la lutte contre l'injustice le cheval de bataille de la droite républicaine, parce que si je me bats c'est contre l'injustice, l'inégalité, la violence. Je suis convaincu depuis toujours que l'absence de choix clairs est la pire ennemie de la démocratie. C'est elle qui fatalement la condamne à l'impuissance. La démocratie dépérit quand il n'y a plus de différence entre la majorité et l'opposition, quand la gauche et la droite cessent d'être fidèles à leurs valeurs, quand plus personne n'a le courage de faire la politique pour laquelle il a été élu. C'est sans doute l'une des principales causes de la crise actuelle de la politique.

Je suis un homme de droite. J'ai toujours assumé cette part de mon identité. Mes valeurs sont celles de la droite républicaine. Ce sont des valeurs d'ordre, de dignité, de justice, de mérite, de travail, de responsabilité. Elles sont aussi respectables que celles de la gauche. Je les revendique sans complexe. Et je ne vois nullement au nom de quoi je devrais m'en excuser. Pour autant, je ne me sens pas conservateur. Je crois à l'ordre mais je ne le pense acceptable que s'il est en mouvement. Le conservateur apprécie l'ordre parce qu'il est immobile. Je veux au contraire faire la synthèse de l'ordre et du mouvement. C'est la seule façon de construire une société juste.

Mais au-delà de la droite et de la gauche, il y a la République qui est le bien de tous. Il y a l'État qui doit être impartial. Il y a la France qui est une destinée commune. Être à droite pour moi c'est refuser de parler au nom d'une France contre une autre. C'est refuser de gouverner une moitié de la France contre l'autre moitié. C'est refuser de faire de la lutte des classes le ressort principal de la vie politique. C'est faire prévaloir en tout l'intérêt commun sur l'intérêt particulier. C'est refuser que tous les problèmes soient abordés à travers le prisme de l'idéologie.

Ma France est au-delà de la droite et de la gauche. Dans la sinistre baraque à l'ombre des crématoires de Buchenwald où sont prisonniers Léon Blum, le vieux militant socialiste, et Georges Mandel, le clemenciste, l'homme de droite, il n'y a pas deux France, il n'y en a qu'une. Face à leurs tortionnaires, ensemble, ils sont toute la France. Ils n'ont rien, la captivité les a épuisés, vieillis, et pourtant il y a en eux quelque chose d'invincible. Ils se sont souvent opposés, combattus. Ils ne sont pas d'accord sur les institutions, sur la politique économique, sur l'organisation de la société. Pourtant maintenant ils défendent la même cause, ils incarnent le même idéal, ils ont la même conception de la France, la même idée de l'homme face à la barbarie, et cela leur suffit. À cet instant-là, ils sont le plus beau visage de la France.

Ma France, c'est celle de Léon Blum et de Mandel, celle de Saint Louis et de Carnot, de Jules Ferry, de Clemenceau et de Jaurès, celle de Pascal, de Voltaire et de Victor Hugo, celle de Sartre et de Camus. Ma France, c'est l'union de tous les Français. C'est celle d'Henri IV lorsqu'il signe l'Édit de Nantes. Celle de Napoléon lorsque, à Fontainebleau en 1814, il dit à la Vieille Garde : « J'aurais pu entretenir la guerre civile pendant trois ans mais la France eût été malheureuse. » Celle de Chateaubriand lorsqu'il écrivait : « Les victoires de la République étaient gagnées en notre nom ; avec elle c'était toujours la France qui avait triomphé. » Celle de Marc Bloch lorsqu'il disait : « Il est deux catégories de Français qui ne comprendront jamais l'histoire de France, ceux qui refusent de vibrer au souvenir du sacre de Reims, ceux qui lisent sans émotion le récit de la fête de la Fédération. » Celle du général de Gaulle lorsqu'il lui épargna deux fois la guerre civile. Celle de Georges Pompidou en Mai 68 quand il évita le pire.

Entraîner les Français, non les diviser. Les plus grands hommes d'État, les plus grands réformateurs français ont eu l'obsession de l'unité. La France est forte lorsqu'elle est rassemblée. On ne peut rien faire de grand en dressant la moitié des Français contre l'autre moitié.

Il fallait commencer par rassembler ma famille politique. C'était à moi d'en créer les conditions. J'avais conscience que la tâche serait malaisée. Mais j'ai choisi d'être unitaire pour tous et, malgré les difficultés et les oppositions, de ne pas renoncer. Si j'avais renoncé, comment aurais-je pu prétendre ensuite rassembler les Français ?

J'ai rassemblé ma famille politique. Maintenant je veux rassembler tous les Français, je veux les unir autour d'une ambition collective. J'ai la conviction que les vieilles catégories politiques n'ont plus beaucoup de sens, que les problèmes les plus graves et les défis les plus grands auxquels la France se trouve aujourd'hui confrontée sont bien au-delà des seuls clivages habituels entre la droite et la gauche. Mais pour moi, le dépassement des clivages c'est par le projet qu'il doit s'accomplir, non par des combinaisons d'appareil.

Comme toujours dans les moments décisifs de son histoire, la France qui a construit son identité sur la synthèse entre l'Ancien Régime et la Révolution, son État sur la synthèse entre l'État capétien et l'État républicain, la France qui n'en aura jamais fini avec les Girondins et les Jacobins mais qui a inventé la laïcité pour faire la paix entre ceux qui croient au Ciel et ceux qui n'y croient pas, la France qui entre le drapeau blanc et le drapeau rouge a choisi le drapeau tricolore, la France a besoin pour avancer d'une nouvelle synthèse.

L'élection du président de la République au suffrage universel impose le dépassement des clivages partisans. Élu par les Français, le président de la République cesse d'être l'homme d'un parti pour devenir celui de la nation. C'est à lui qu'il appartient de la rassembler. C'est à lui qu'il appartient de proposer une nouvelle synthèse et de la mettre en œuvre.

C'est bien la raison pour laquelle je veux m'adresser à tous les Français. À ceux bien sûr qui ont toujours voté à droite et qui si souvent ont été déçus ou se sont sentis trahis. À ceux qui ont voté pour l'extrême droite parce qu'ils souffraient ou qu'ils voulaient exprimer une colère ou une exaspération et dont le vote a été détourné puisqu'il n'a servi à rien. À ceux qui ont voté à gauche pour que la vie change et qui découvrent consternés que le programme de la gauche aujourd'hui, c'est que justement plus rien ne change. À ceux surtout appartenant aux couches les plus populaires qui n'en peuvent plus d'une vie sans perspective et qui n'y croient plus. Je veux tous les convaincre qu'il n'y a pas de fatalité.

En un temps où la République se défait, je veux nouer avec tous les Français un nouveau pacte républicain. Ce pacte sera un pacte de confiance, de sincérité et de vérité.

# II

# Le miracle de la France

Derrière toutes les fractures qui traversent notre société, derrière les difficultés spécifiques auxquelles se trouvent confrontés chaque catégorie sociale, chaque profession, chaque classe d'âge, chaque territoire, c'est une seule et même crise qui produit ses effets délétères et trop souvent dramatiques. La crise que nous traversons est d'abord une crise de confiance en nous-mêmes. Ce n'est pas comme on le dit souvent une simple crise de moral. C'est une véritable crise d'identité.

En elle s'additionnent toutes les autres crises. Elle touche les classes moyennes et les classes populaires, le jeune qui n'arrive pas à conquérir son autonomie financière, le chômeur de cinquante ans qui ne retrouve pas de travail, l'ouvrier qui vit dans la crainte de la délocalisation, le paysan qu'on paye pour entretenir le paysage et non plus pour cultiver la terre, le cadre qui ne sait plus très bien quel est son rôle dans l'entreprise, le fonctionnaire dont le travail n'est pas reconnu, le patron de PME qui ne voit pas comment il va pouvoir résister longtemps à la concurrence chinoise, le professeur qui a peur de ses élèves, l'immigré qui ne se sent pas intégré, le travailleur qui ne comprend pas pourquoi en travaillant il ne peut pas loger décemment sa famille, le chirurgien qui ne peut plus s'assurer, l'infirmière aux prises avec les conséquences des 35 heures à l'hôpital, la mère de famille qui n'arrive plus à concilier sa vie professionnelle et la garde de ses enfants, la veuve de paysan qui touche une retraite dérisoire...

Cette crise d'identité touche toutes les catégories sociales, chaque famille, chaque Français. Elle est nourrie par la mondialisation, par l'immigration clandestine, par le chômage, par la baisse du pouvoir d'achat... C'est une crise économique, sociale, politique, mais c'est avant tout une crise du sens, une crise des valeurs, des repères, de la culture. C'est une crise de l'idée de nation et de l'idée de République.

Quand je pense à la France, quand je parle de la France je ne fais pas la différence entre la Bretagne et la Provence, entre la Martinique et l'Aquitaine, entre la Réunion et la Lorraine, entre la Corse et la Normandie, entre ceux qui sont Français depuis hier et ceux qui le sont depuis des siècles. Pour moi, la France est un miracle. Celui d'une multitude de petites patries unies par la volonté de vivre ensemble, de partager une langue, une histoire, une culture dans lesquelles chacun reconnaît un idéal et un destin communs. La France est le miracle de l'unité sans l'uniformité. La France est le miracle par lequel la mémoire de chacun s'est fondue dans la mémoire de tous. La France est le miracle d'une nation qui est une volonté de vivre ensemble et non pas une ethnie ou une race. La France est le miracle par lequel un peuple disparate s'est forgé une identité propre dans une culture qui se veut l'héritière de la raison universelle et de toutes les civilisations qui ont apporté quelque chose à l'idée d'humanité. La France est le miracle par lequel un peuple a passé un pacte multiséculaire avec la liberté du monde. La France est le miracle par lequel la liberté s'est conjuguée avec l'égalité, l'égalité avec le mérite, la raison avec le sentiment. La France est le miracle par lequel un pays, en hissant la fraternité aussi haut que la liberté et l'égalité, a pu dire au monde comme Antigone : « Je suis née pour partager l'amour, non pour partager la haine. » La France est le miracle politique par lequel l'État a fait une nation et par lequel la République a forgé ce pays indivisible et fraternel dont avaient rêvé les rois.

Ce miracle est fragile, sommes-nous conscients que nous l'avons déjà bien abîmé ? Que répondrons-nous à nos enfants, à nos petits-enfants, quand ils nous demanderont ce que nous avons fait de l'héritage que les siècles nous avaient confié ? Quelle France allons-nous laisser à nos enfants ? À quels enfants allons-nous laisser la France ? Ce qui revient au même puisque tout dépendra de ce que nous aurons été capables de leur transmettre, de l'éducation que nous leur aurons dispensée, des valeurs que nous leur aurons fait partager, de l'exemple que nous leur aurons donné.

\* \*

\*

La bonne conscience inspire depuis vingt-cinq ans des politiques qui n'agissent pas sur les causes et qui se contentent de chercher à rendre supportables des défaillances, des injustices et des inégalités qu'on se refuse absolument à corriger. Depuis vingt-cinq ans nous vivons une véritable capitulation morale et intellectuelle.

La génération de Mai 68 a sa part de responsabilité dans cette capitulation. Elle a installé partout, dans la politique, dans l'éducation, dans la société, une inversion des valeurs et cette pensée unique dont les jeunes Français d'aujourd'hui sont les principales victimes.

Au cœur de cette pensée unique il y a le jeunisme, cette idéologie qui fait croire à la jeunesse qu'elle n'a que des droits et que tout lui est dû. Elle demande aux enfants ce qu'ils ont envie d'apprendre, dit à l'élève qu'il est l'égal du maître, part en guerre contre l'élitisme républicain qui traumatiserait les mauvais élèves, explique aux professeurs que pour enseigner les mathématiques à Paul il faut d'abord connaître Paul plutôt que les mathématiques, et promet qu'on donnera le bac à tout le monde.

Les étudiants qui se sont révoltés en Mai 68 étaient les enfants gâtés des Trente Glorieuses. Les jeunes d'aujourd'hui sont les enfants de la crise que cette génération de 68 n'a su ni prévoir ni conjurer parce qu'elle voulait seulement « vivre sans contrainte et jouir sans entrave ». Elle a disqualifié le mérite, déprécié l'effort, détruit l'autorité du professeur et la légitimité du savoir. Elle a enseigné que tout se valait, elle a proclamé que tout était gratuit, que rien n'était interdit, que la société était toujours coupable. Elle a dressé les jeunes contre la société au lieu de les aider à y trouver leur place. Elle les a incités à rester de grands enfants plutôt qu'à devenir des adultes. Elle a interrompu la transmission des connaissances, des normes, des valeurs. Elle a dénigré l'État, la nation et la République, et nourri la haine de soi, qui est toujours le commencement de la haine des autres. Elle a contribué à la désintégration de la culture commune sans laquelle il ne peut y avoir ni citoyenneté ni envie de vivre ensemble, sans laquelle les parents et les enfants ne peuvent plus se comprendre. Elle a propagé l'égalitarisme et le nivellement par le bas en abaissant le niveau des diplômes pour les donner à tout le monde. Elle a récusé la haute culture et la sélection.

Ce sont les plus humbles, les plus vulnérables, les plus pauvres, tous ceux dont les parents ne peuvent pas compenser la défaillance de l'école qui en ont pâti le plus. C'est le fils d'ouvrier qu'on a privé de l'accès à la culture, pas le fils du professeur d'université. Les défaillances de l'éducation ont mis en faillite notre système d'intégration et de promotion sociale. Elles ont affaibli le sentiment d'appartenance à la nation, encouragé le communautarisme, fabriqué du chômage et de l'exclusion. Elles ont privé toute une partie de la jeunesse des moyens d'exprimer ses sentiments, ses doutes, ses angoisses, de dominer ses pulsions, de canaliser ses émotions, ne lui laissant plus comme exutoires que la violence ou le repli sur soi. C'est la culture, la philosophie, la littérature, la poésie, le théâtre, l'art qui apprennent à l'homme à aimer, à reconnaître l'amour, à l'exprimer, à le sublimer parfois.

Ne pas être en mesure de trouver les pensées, les mots, les gestes de l'amour, il n'y a rien de pire, rien qui incite plus à la violence contre l'autre ou contre soi-même. C'est l'une des explications à la tentation du suicide chez tant de nos jeunes, à la fascination pour la violence, à la montée des fanatismes,

Je me souviens de ce jeune dans une cité qui disait :

« On parle toujours des difficultés des jeunes pour l'école, pour le sport mais c'est surtout pour l'amour qu'on est en difficulté. »

Cela m'a fait réfléchir.

Les défaillances de l'éducation ont aggravé l'inégalité sociale par l'inégalité de la culture et du savoir. Inégalité dramatique quand le monde s'apprête à entrer dans la société de la connaissance.

La prise de conscience a commencé. Mais beaucoup reste à faire pour que l'école de nouveau contribue à ce que l'égalité des chances cesse d'être un mensonge, pour que le fils d'ouvrier et le fils d'immigré aient de nouveau le sentiment d'être des citoyens à part entière et non plus des laissés-pour-compte, pour qu'ils se sentent libres de choisir leur destin. L'ignorant ne peut pas être libre.

Contre le nivellement par le bas, contre la dévalorisation des diplômes, contre l'inculture, il n'y a pas d'autre choix que l'excellence. Il n'y a pas d'autre choix qu'une éducation exigeante qui pousse les élèves à se dépasser au lieu de les inciter à la facilité. Il n'y a pas d'autre choix que de restaurer l'autorité du professeur et le respect. Cela passe par des choses simples comme celle d'exiger que les élèves se lèvent quand le professeur entre dans la classe, que nul ne soit moqué parce qu'il est gros, petit, différent, que la famille se sente concernée par le respect du règlement intérieur, que l'enseignant se sente valorisé par la place qu'il occupe dans la société. Et surtout notre école doit redevenir le creuset d'une culture commune.

Chaque génération invente des formes de pensée, d'art et de culture, des idéaux, des manières de vivre qui lui sont propres. La jeunesse d'aujourd'hui est en train d'inventer les siennes. C'est la génération de la communication, de la publicité, des marques, d'Internet, du portable, du rap et de la techno. Nul ne refera le monde d'avant les SMS, les blogs et les jeux vidéo, ni le monde d'avant la société de la consommation et des loisirs, ni d'avant la globalisation.

Mais l'école n'est pas faite pour apprendre aux jeunes à être jeunes. L'école est là pour leur donner les moyens de penser par eux-mêmes, pour leur apprendre à faire la différence entre *Madame Bovary* et un bon compte rendu de fait divers dans un journal, entre *Antigone* et *Harry Potter*.

Est-ce trop demander ?

La démocratisation de la culture, c'est se donner les moyens de faire comprendre et aimer Sophocle, Shakespeare ou Racine au plus grand nombre. Ce n'est pas supprimer Sophocle, Shakespeare ou Racine des programmes pour qu'un plus grand nombre d'élèves puisse suivre plus facilement. Ce n'est pas alléger le programme de mathématiques pour faciliter la vie de ceux qui ne veulent faire aucun effort, c'est faire aimer et comprendre les mathématiques même à ceux qu'elles rebutent.

La démocratisation de la culture, c'est qu'un nombre de plus en plus grand de jeunes quittent l'école avec les moyens intellectuels et les qualifications qui leur permettent de trouver leur place dans la société.

C'est qu'un nombre de plus en plus grand de jeunes s'engagent dans la vie avec dans la tête quelques leçons de science et d'humanité qui leur permettent de se comprendre et de comprendre le monde.

C'est qu'un nombre de plus en plus grand de jeunes affrontent l'existence avec l'esprit ouvert pour accueillir toute la beauté du monde et les moyens d'exprimer ce qu'ils éprouvent. Les maîtres qui ont enseigné à ma génération nous ont fait un cadeau dont nous n'imaginions pas alors le prix en nous faisant réciter les fables de La Fontaine et quelques vers de Verlaine ou de Victor Hugo. Nos enfants vivent avec Internet. Pour que ce soit pour eux un instrument d'émancipation et non d'aliénation, pour qu'ils ne se laissent pas manipuler, pour qu'ils ne soient pas à la merci de tous les prédateurs, pour qu'ils ne se laissent pas enfermer dans un monde virtuel où il n'y aurait plus aucune raison pour eux de devenir adultes, il leur faut davantage de force intellectuelle et morale, davantage de culture et davantage d'école.

Nous devons reconstruire une école de l'excellence, du savoir et de la transmission. Nous devons reconstruire une école qui n'opposera pas le corps et l'esprit et qui ne confondra pas le sport avec l'éducation physique. Nous devons reconstruire une école où le sport sera considéré comme une discipline fondamentale parce que le sport est une morale de l'effort et une éthique. Parce que le sport, c'est le dépassement de soi et le respect des autres.

Nous devons reconstruire une école où la culture technique sera partie intégrante de la culture générale et qui fera découvrir aux élèves les cultures et les métiers de l'artisanat pour que chacun puisse choisir sa voie en fonction de ses goûts et pas seulement à travers la sélection par l'échec. L'apprentissage doit être une vocation et non un pis-aller.

Les professeurs, les instituteurs ne sont pas responsables des défaillances de l'école. La plupart d'entre eux font preuve d'une grande compétence et d'un dévouement admirable dans un système qui décourage l'initiative et l'effort.

Je n'accepte pas qu'on fasse des enseignants les boucs émissaires d'un désastre dont la politique est seule responsable. C'est la politique qui a fait l'école de la République. C'est la politique qui l'a défaite.

Elle l'a défaite en désertant le terrain de l'éducation, en se contentant de parler des moyens et de l'organisation mais en se déchargeant pendant trop longtemps de toute responsabilité sur le contenu.

Sous la III$^e$ République, ni Ferry ni Jaurès ni aucun autre homme politique de droite ou de gauche n'eût imaginé un instant la possibilité d'exclure le projet éducatif du débat politique. Le projet éducatif, c'est ce par quoi devrait commencer tout projet politique.

Quelles valeurs, quelle vision du monde, quelle culture allons-nous transmettre à nos enfants, bref quel type d'hommes voulons-nous en faire ? C'est la question essentielle.

Nous ne bâtirons pas la même société selon l'école que nous construirons. Nous ne bâtirons pas la même société selon que nous construirons une école de l'exigence ou une école de la facilité, selon que nous déciderons ou non d'inculquer à l'école le goût de l'effort et du travail et de récompenser le mérite.

Nous ne bâtirons pas la même société selon que nous déciderons ou non de refaire une école du respect.

Si je suis élu, je m'engage à ce que l'avenir de l'école ne soit plus entre les mains des technocrates et des experts et que l'on débatte de nouveau des programmes scolaires et du projet éducatif devant le Parlement et devant le pays. Et je veux dire aux enseignants que l'on ne refera pas l'école sans eux. Je veux que les enseignants reprennent confiance en eux, en leurs savoirs, en leurs compétences. Je veux qu'ils aient la liberté de leur méthode d'enseignement plutôt que de se plier à la énième circulaire du énième ministre de l'Éducation nationale. Je veux pour eux l'autonomie qui seule leur permettra de s'adapter à leurs élèves, à leurs régions, à leurs environnements. Je veux leur rendre la considération sociale que leur tâche si importante mérite !

L'école ne peut pas être la seule à travailler à la diffusion d'une culture commune. Les grandes institutions culturelles et les artistes ont aussi un grand rôle à jouer. Recréer du lien social par l'art et par la culture, donner le goût du Beau et de la création à tous ceux qui en sont tenus à l'écart, investir les cités comme Jean Vilar voulait investir les usines, amener l'art à la rencontre de la jeunesse déshéritée des banlieues difficiles comme le Théâtre national populaire voulait aller jadis à la rencontre des employés et des ouvriers, faire aimer l'art et pas seulement l'expliquer, telles devraient les grandes ambitions d'une politique culturelle associée à une politique éducative plus exigeante.

Mais on commettrait une faute si l'on oubliait que le premier éducateur de l'enfant, c'est sa famille. La politique de la famille ne doit pas être seulement démographique. Elle doit être aussi éducative. Je souhaite qu'une allocation familiale soit versée dès le premier enfant, parce que c'est celui qui exige le plus grand sacrifice financier pour les jeunes ménages. Mais l'aide à la famille et aux enfants ne peut pas être uniquement financière. Elle doit prendre aussi la forme d'un accompagnement pour ceux qui n'arrivent pas à faire face à leurs obligations de parents. Il faut responsabiliser les parents, sanctionner ceux qui ne veulent pas assumer leur rôle, mais il faut aussi soutenir ceux qui en ont besoin. À l'époque de la famille éclatée, recomposée, des mères qui élèvent seules leurs enfants, les repères familiaux il est vrai sont plus incertains que jadis. Il nous faut apprendre à vivre avec cette diversité et en tenir compte dans nos politiques publiques. En tout, je crois que la différence doit être considérée comme une richesse et non comme une gêne. Notre République doit être fidèle à ses valeurs de tolérance, de respect et de fraternité. Je ne souhaite pas le mariage homosexuel qui ouvrirait la voie à l'adoption des enfants, mais je veux que la sincérité de l'amour homosexuel soit reconnue et soit respectée. C'est la raison pour laquelle j'ai proposé que soit instaurée une union civique qui ouvre les mêmes droits que le mariage, à l'exception de ceux de l'adoption et de la filiation, ainsi qu'un statut de beau-parent pour les familles recomposées et homoparentales.

Malraux avait proposé un jour comme devise pour la jeunesse : « culture et courage ». Qu'avons-nous de plus beau à proposer à la jeunesse d'aujourd'hui ? À condition que nous soyons capables de nous imposer cette exigence à nous-mêmes. À condition que nous ayons le courage de tenir à la jeunesse le langage de la vérité. À condition que nous cessions d'excuser toujours les voyous et de mesurer la gravité d'une faute par l'âge de celui qui la commet. À condition que nous nous appliquions à nous-mêmes cette morale de la responsabilité que nous voudrions inculquer aux plus jeunes, car la jeunesse a besoin d'exemplarité. Les hommes politiques, les fonctionnaires, les juges, les policiers, les patrons, les parents doivent assumer leurs responsabilités s'ils veulent que les jeunes comprennent la nécessité d'assumer les leurs. Le juge qui commet une faute doit être sanctionné, comme les parents qui n'envoient pas leurs enfants à l'école ou qui les laissent brûler des voitures. Un jour, j'ai utilisé le mot « racaille » en réponse à l'interpellation d'une habitante d'Argenteuil qui désignait ainsi ceux qui rendaient la vie impossible dans son quartier et qui l'obligeaient à vivre dans la peur. On me l'a reproché comme si j'avais traité de racaille toute la jeunesse des banlieues. Mais c'est insulter la jeunesse que de la penser incapable de faire la différence entre les voyous et tous les autres. C'est mépriser la jeunesse que de lui parler par euphémismes sous prétexte qu'elle ne serait pas capable de regarder la réalité en face. Quels éducateurs serons-nous si nous nous laissons aller à ces petites lâchetés du politiquement correct ? Si les multi-récidivistes n'ont rien à craindre ? Si les mineurs peuvent se livrer aux pires excès sans être punis ? Si nous apprenons à nos enfants que l'âge excuse tout ? Si les voyous ne peuvent même pas être appelés des voyous ? « Culture et courage » ? Oui, à la condition que nous soyons nous-mêmes courageux vis-à-vis de nos enfants et à condition que nous soyons nous-mêmes capables de remettre la culture au centre de nos politiques, c'est-à-dire de passer d'une politique de gestion à une politique de civilisation. C'est, à vrai dire, la seule réponse qui soit à la mesure de la crise identitaire que nous traversons.

\* \*

\*

Quel héritage laisserons-nous à nos enfants si nous acceptons le dénigrement systématique de la France, de son histoire, de ses valeurs ? Si nous acceptons comme on le voit partout aujourd'hui la mise en concurrence des mémoires qui renvoie chacun à ses origines ?

Que restera-t-il alors de l'idée de l'homme qui nous rassemble par-delà toutes nos différences et que nous avons mis tant de siècles à bâtir ? Qui ne pressent que dans un pays comme le nôtre, avec l'histoire qui est la sienne, cette mise à bas de nos références communes conduirait inévitablement à une forme plus ou moins larvée de guerre civile ? Les apprentis sorciers du communautarisme jouent avec le feu en ouvrant la voie à une société fondée non sur le respect de l'autre et la reconnaissance de sa dignité mais sur la loi des bandes et des tribus. En mettant à vif les mémoires blessées, en cultivant la rancœur par une surenchère dans le culte des origines, en manipulant à des fins politiciennes la souffrance et les frustrations par ailleurs bien réelles, on ne récolte pas la fraternité mais la violence et la haine. La France ne s'est pas bâtie sur l'oubli. Nul n'a oublié les peines, les souffrances et les malheurs. Félix Éboué, gouverneur des colonies et premier résistant de la France d'outre-mer, n'avait jamais oublié qu'il était le petit-fils d'un esclave noir de Guyane. À Béziers, à Carcassonne, dans l'Ariège, nul n'a oublié la croisade des Albigeois, Simon de Montfort et les légats du pape criant : « Tuez-les tous, Dieu reconnaîtra les siens ! » Les protestants des Cévennes n'ont pas oublié les persécutions. Les Vendéens n'ont pas oublié les colonnes infernales. Les républicains espagnols qu'on a parqués dans des camps n'ont rien oublié. Les enfants juifs qui ont vu leurs parents conduits au Vél d'Hiv par la police de Vichy n'ont rien oublié. Les enfants de harkis et de rapatriés envers lesquels la France conserve une dette d'honneur, n'ont rien oublié non plus.

Non, nul n'a rien oublié des peines, des souffrances et des malheurs, mais pour tous l'amour de la France a été le plus fort et d'autant plus fort qu'il était fait de douleurs surmontées.

La France, ce n'est pas l'oubli de ce que l'on est, c'est la foi dans un destin commun plus forte que la haine et la vengeance.

À Aigues-Mortes, les femmes protestantes enfermées dans la Tour de Constance par Louis XIV ont gravé sur les murs de leur prison « Résister », aucune d'entre elles n'a écrit « Mort à la France » comme on le voit aujourd'hui sur certains murs.

On ne bâtira rien sur la haine, ni la haine des autres ni la haine de soi. À Marseille, j'ai dit à la jeunesse française : « La France est votre pays et vous n'en avez pas d'autre, même si vos parents ou vos grands-parents sont venus d'ailleurs. La haïr, c'est vous haïr vous-mêmes. La France est à vous. Elle est votre héritage. Votre bien commun. Ne lui demandez pas d'expier ses fautes. Ne demandez pas aux enfants de se repentir des fautes des pères. »

En 1962, le général de Gaulle a dit à Adenauer : « De tant de sang et de larmes, rien ne doit être oublié mais, chacune renonçant à dominer l'autre, la France et l'Allemagne ont discerné ensemble quel était leur devoir commun. » Il ne lui a pas dit : « Expiez d'abord, nous verrons après ! » Et à la jeunesse allemande il n'a pas dit : « Vous êtes coupable des crimes de vos pères. » Il lui a dit : « Je vous félicite d'être de jeunes Allemands, c'est-à-dire les enfants d'un grand peuple qui parfois, au cours de son histoire, a commis de grandes fautes. »

Aux peuples de nos anciennes colonies nous devons offrir non l'expiation mais la fraternité, et à tous ceux, d'où qu'ils viennent, qui veulent devenir Français la liberté et l'égalité.

Alors oui, la France doit faire des efforts pour mieux intégrer ceux qui viennent d'ailleurs, pour leur donner des droits, pour lutter par tous les moyens contre les discriminations, contre les ségrégations et contre le racisme. Elle doit promouvoir la diversité partout où elle a du mal à s'imposer. Mais elle se trahirait si elle acceptait le communautarisme.

Refuser le communautarisme ne veut pas dire nier les différences et encore moins exiger que chacun renie son identité. Je préfère intégrer à assimiler. Car il s'agit de demander à tous de prendre en partage notre culture, notre identité, nos valeurs, mais sans exiger de quiconque qu'il renonce à ce qu'il est. L'assimilation c'est une amputation, c'est quelque chose en moins. L'intégration c'est un enrichissement, c'est quelque chose en plus. La France a besoin de sa jeunesse « pimentée » pour reprendre la belle expression de Tahar Ben Jelloun. Mais celle-ci, en restant fidèle à ses origines sans se renier, doit s'approprier nos valeurs républicaines, notre culture, notre langue et notre histoire.

La repentance ne facilite pas l'intégration, elle la rend impossible. La fierté de devenir Français, c'est tout ce que nous avons à donner à ceux que nous voulons intégrer. La fierté de devenir Français, c'est tout ce que nous exigeons au fond de ceux qui nous réclament l'égalité des droits.

Nous devons prendre conscience que la France d'aujourd'hui est multiculturelle, multiethnique et multiconfessionnelle. Mais cela ne signifie pas que nous devions renoncer à l'héritage des Lumières, ni transiger sur les principes fondamentaux qui sont au cœur de notre identité.

On m'a attaqué pour avoir proposé de créer un ministère de l'Immigration et de l'Identité nationale. Mais la politique de l'immigration ce n'est pas seulement la politique de gestion des flux migratoires, c'est aussi la politique de l'intégration. Et qu'est-ce qu'une intégration réussie sinon la conviction de prendre part à l'identité de la nation qui vous accueille ? Être Français, ce ne peut pas être seulement un statut juridique. Je n'ai pas peur de parler d'identité nationale. Je ne trouve pas que ce soit une grossièreté. Au contraire je trouve cette expression très belle et je suis bien décidé à ne pas la laisser à l'extrême droite malgré les injonctions de tous les bien-pensants adeptes du politiquement correct.

Il faut se méfier de la fausse générosité et de la bonne conscience qui refusent de regarder en face les conséquences dramatiques de ce qu'elles prônent. En régularisant tous les sans-papiers, on inciterait une masse croissante de malheureux à immigrer clandestinement dans l'espoir d'être régularisés un jour et l'on ferait monter le ressentiment chez ceux qu'on accueille si mal et chez ceux qui se sentent de plus en plus étrangers dans leur propre pays.

Si je suis élu président de la République, il n'y aura pas de régularisation globale et je continuerai de lutter contre l'immigration clandestine qui fait la fortune des marchands de sommeil et des passeurs sans scrupule qui n'hésitent pas à mettre en danger la vie des pauvres malheureux dont ils exploitent la détresse.

Je souhaite que celui qui a été reconduit dans son pays ne puisse pas obtenir un titre de séjour en France pendant les cinq ans qui suivent et que les étrangers en situation irrégulière soient exclus du droit au logement opposable.

Je ne crois pas à l'immigration zéro. L'immigration est une chance pour la France à condition d'être maîtrisée. Accepter d'accueillir toute la misère du monde, c'est tirer toute la société vers le bas. C'est faire le malheur des immigrés que l'on n'arrive plus à intégrer, et le malheur de tous les autres. Aussi je souhaite que notre pays fixe chaque année le nombre des étrangers qu'il peut accueillir dans des conditions qui permettent de respecter la dignité des personnes.

On m'a reproché d'avoir dit souvent que ceux qui n'aimaient pas la France, qui n'aimaient pas sa culture, ses valeurs, ses traditions, n'étaient pas obligés de rester. Je n'ai pas changé d'avis.

La France doit être généreuse, tolérante, ouverte, accueillante, mais à condition qu'on la respecte. À condition que l'on fasse un effort. La France en laquelle je crois, ce n'est pas une France immobile, enfermée dans son passé, prisonnière de son histoire. C'est une France ouverte sur les autres, sur le monde, sur l'avenir. C'est une France qui évolue, que chaque histoire personnelle, chaque destin particulier contribue à enrichir, à transformer.

La France éternelle, ce n'est pas pour moi la France éternellement identique à elle-même. C'est la France qui ne meurt pas mais qui se métamorphose tous les jours, dont le visage change imperceptiblement à chaque fois que parmi les Français apparaît un nouveau visage. Mais cette France qui n'est jamais tout à fait la même a quand même une identité : elle ne cesse jamais en réalité d'être fidèle à elle-même, à sa promesse de civilisation, au pressentiment de son unité, à son exigence d'égalité, à son amour de la liberté, à son besoin de fraternité qui sont dans sa pensée depuis son premier jour, par-delà les vicissitudes de l'histoire.

Il faut respecter l'identité de ceux qui viennent mais ceux-ci doivent respecter l'identité du pays qui va devenir le leur.

Je souhaite que l'immigré en situation régulière ne puisse faire venir sa famille que dans la mesure où celle-ci a appris, avant de pénétrer sur notre territoire, à parler le français et après que nous nous serons assurés que les revenus de son travail lui permettent de la faire vivre et de la loger décemment.

Je souhaite aussi que l'on ne puisse pas s'installer durablement en France sans se donner la peine d'écrire et de parler le français.

Car au cœur de l'identité française, il y a bien sûr la langue française. Le français est un ciment, le français est une culture, une manière de penser, une forme de résistance à l'uniformisation du monde.

La diversité linguistique, c'est la condition de la diversité culturelle et du droit des peuples à disposer d'eux-mêmes.

L'obsession d'une langue unique au prétexte de l'efficacité est un leurre qui masque les effets de domination de la pensée unique dont la langue unique est l'antichambre. On entend souvent dire qu'une seule langue c'est plus commode, plus efficace, mais la Renaissance, où tout le monde s'était mis à penser et à écrire dans sa langue nationale et où la traduction s'est développée, fut plus féconde pour la pensée humaine que les longs siècles de domination exclusive du latin. La créativité est inséparable de la diversité.

Nous avons le devoir pour nos enfants, pour l'avenir de la civilisation mondiale, pour la défense d'une certaine idée de l'homme, de promouvoir la langue française.

Si je suis élu, je mettrai la francophonie au rang des priorités diplomatiques de la France. Je renforcerai tout à la fois le dispositif de l'action culturelle de la France à l'étranger et l'aide à la création, parce que c'est par la création que le français rayonne.

Je veillerai à ce que dans les entreprises installées sur le territoire français la langue de travail soit le français dès lors qu'il n'y a aucune nécessité économique ou commerciale qui oblige à s'exprimer dans une autre langue.

Je me battrai pour que, dans les instances européennes et à l'Onu, le français continue d'être employé. Ce sera naturellement une obligation absolue pour tout représentant de la France dans des organisations internationales.

Surtout, je me battrai pour que soit généralisé partout en Europe l'enseignement de deux langues étrangères parce que c'est la seule façon efficace pour que l'hégémonie de l'anglais soit battue en brèche.

Mais le patrimoine linguistique de la France, ce n'est pas seulement le français, c'est aussi l'extraordinaire richesse de ses langues régionales. Il suffit de se souvenir de l'œuvre immense de Mistral pour prendre conscience de l'appauvrissement que constituerait la disparition de toutes ces langues très anciennes qui ont concouru à la formation de la langue française et qui continuent à vivre en partie en elle.

Je veux qu'elles continuent de vivre, que leur enseignement soit correctement pris en charge par l'Éducation nationale, que l'on soutienne leur pratique et leur diffusion. Mais je ne veux pas de cette logique de confrontation avec le français que cherchent à faire prévaloir certains indépendantistes qui veulent en finir avec l'unité française que nous avons mis si longtemps à construire et qui reste le bien le plus précieux mais aussi le plus fragile que nous ayons à léguer à nos enfants.

C'est la raison pour laquelle je ne suis pas favorable à la Charte européenne des langues régionales. Je ne veux pas que demain un juge européen ayant une expérience historique du problème des minorités différente de la nôtre décide qu'une langue régionale doit être considérée comme langue de la République au même titre que le français.

Car au-delà de la lettre des textes, il y a la dynamique des interprétations et des jurisprudences qui peut aller très loin. J'ai la conviction qu'en France, terre de liberté, aucune minorité n'est opprimée et qu'il n'est donc pas nécessaire de donner à des juges européens le droit de se prononcer sur un sujet qui est consubstantiel à notre pacte national.

La France doit organiser le dialogue entre l'État et les grandes religions, elle doit faire en sorte que tous les croyants puissent prier dans des lieux de culte convenables, que les croyances de chacun soient respectées. Mais elle se trahirait si elle renonçait à la liberté d'expression, à la laïcité, si elle acceptait le voile à l'école, l'infériorisation des filles, les mariages forcés, la polygamie, l'excision. Elle se trahirait si elle renonçait à garantir que partout les femmes soient libres de se promener en jupe, libres de vivre comme elles l'entendent, libres de se marier à leur guise. Elle se trahirait si elle acceptait la confusion entre le spirituel et le temporel, si elle tolérait le fanatisme, si elle supportait sur son sol des guerres de religion ou le séparatisme religieux. Elle se trahirait, il faut avoir le courage de le dire, si elle reniait deux mille ans de chrétienté, deux mille ans d'héritage de valeurs spirituelles et de valeurs de civilisation que notre morale laïque a incorporées et qui sont inscrites dans les valeurs de notre République.

Nous ne pouvons pas prétendre cependant défendre aujourd'hui la République avec le même état d'esprit que lorsque toute l'Europe coalisée lui menait une guerre sans merci, ni défendre la laïcité avec les mêmes moyens qu'au temps de la douloureuse séparation de l'Église et de l'État.

C'est à une conception ouverte et tolérante de la République que nous devons nous référer si nous voulons être compris. Celle que prônait déjà en 1880 Jules Ferry dans sa magnifique lettre aux instituteurs à propos de l'enseignement de la morale : « Parlez aux enfants comme vous voudriez que l'on parle au vôtre : avec force et autorité, toutes les fois qu'il s'agit d'une vérité incontestée, d'un principe de la morale commune ; avec la plus grande réserve, dès que vous risquez d'effleurer un sentiment religieux dont vous n'êtes pas juge […]. Avant de proposer à vos élèves un précepte, une maxime quelconque, demandez-vous s'il se trouve, à votre connaissance, un seul honnête homme qui puisse être froissé de ce que vous allez dire. Demandez-vous si un père de famille, je dis un seul, présent à votre classe et vous écoutant, pourrait de bonne foi refuser son assentiment à ce qu'il vous entendrait dire. Si oui, abstenez-vous de le dire. »

Nous devons considérer la laïcité non comme une forme d'intolérance à l'égard des sentiments religieux mais comme un respect.

Nous ne devons pas nous cacher derrière les grands principes pour justifier de ne rien faire contre les inégalités et contre les injustices. Nous devons au contraire utiliser tous les moyens pour les combattre. La liberté, ce n'est pas proclamer que tout le monde est libre, c'est d'abord donner à chacun les moyens d'être libre.

L'égalité, ce n'est pas donner la même chose à tout le monde, c'est donner à chacun ce qui lui est nécessaire pour développer ses talents et pour conserver sa dignité.

La fraternité, ce n'est pas la charité, ce n'est pas l'assistance, c'est la solidarité, la compréhension et le respect.

Si nous voulons être fidèles aux valeurs de la République, si nous voulons une République réelle et non une République fictive, il nous faut donner davantage à ceux qui n'ont rien, compenser des handicaps que nul ne peut surmonter par ses propres moyens et ne pas aider seulement les territoires ou les quartiers, mais aussi les personnes. Aménager les territoires, rénover les immeubles c'est bien. Donner de la sécurité, de l'instruction, du travail à ceux qui les habitent, c'est mieux.

L'égalité des chances est à ce prix. Le prix de l'inégalité, de l'injustice et du ressentiment serait beaucoup plus grand.

Donner plus à ceux qui ont moins, la République l'a toujours fait : pour les élèves méritants dont les parents n'avaient pas les moyens de payer les études, pour les rapatriés d'Algérie, pour les handicapés…

Nous ne pouvons proposer décemment nos valeurs en partage et nous ne pouvons les opposer valablement à ceux qui les contestent que si elles s'inscrivent dans la réalité et non dans la fiction. Nos principes sont faits pour être appliqués et pas seulement pour être gravés sur le fronton de nos mairies.

Il nous faut passer des droits virtuels aux droits réels. De l'égalité formelle à l'égalité réelle.

Où est l'égalité républicaine si l'égalité d'accès au service public n'est plus assurée ? Si les services publics désertent toutes les zones rurales ? S'ils sont totalement absents des quartiers dits « en difficulté » où le besoin est criant ? Aujourd'hui il y a deux France : celle qui a tout, qui a accès à tous les services publics, à la culture, à la santé, à la sécurité, et celle qui n'a rien, celle des territoires que la République a abandonnés. Ce n'est pas cela la République.

Où est l'égalité républicaine si la retraite ne prend pas en compte la pénibilité réelle du travail ? Je pense notamment aux agriculteurs et à leurs maigres retraites. Je pense plus encore à leurs veuves qui ont tant travaillé toute leur vie et qui ne touchent pas de quoi vivre. C'est bien mal récompenser leur peine et leur courage, et à travers eux ceux de toutes ces épouses, de ces mères qui n'ont jamais pris de vacances de leur vie et pour lesquelles la durée du travail, les jours fériés et les congés payés n'ont jamais rien voulu dire. C'est indigne de notre République. À Périgueux j'ai évoqué le souvenir de Suzanne Lacore, institutrice en Dordogne, qui fut en 1936 l'une des trois femmes qui, pour la première fois dans l'histoire de France, entrèrent dans le gouvernement Léon Blum. Elle était socialiste. Mais le combat de sa vie était pour la condition de la femme. Dans les années 1930 elle avait écrit : « La femme entend être non une ménagère et une maman avant tout. Avant tout elle veut être elle-même. Non un moyen, mais un être humain ayant sa fin en soi. » Elle pourrait l'écrire encore car l'aspiration demeure toujours aussi insatisfaite et toujours aussi vive. Depuis qu'en 1944 le général de Gaulle a fait entrer les femmes de plain-pied dans la République en leur donnant le droit de vote, les progrès ont été insuffisants. Malgré la loi sur la parité, malgré la loi sur l'égalité professionnelle, les femmes ne sont pas encore des citoyennes à part entière dans notre République.

Je veux mettre tout en œuvre pour que soit enfin assurée l'égalité salariale entre hommes et femmes.

En matière d'égalité professionnelle et de lutte contre les discriminations, l'État au moins devrait être exemplaire. On est encore loin du compte. On est encore loin du compte aussi dans les entreprises. On est loin du compte pour la prise en considération du temps passé à l'éducation des enfants dans le calcul des retraites, pour l'aide au retour à l'emploi apportée aux femmes qui ont cessé longtemps de travailler pour élever leurs enfants, qui se séparent de leur mari et qui se retrouvent sans métier, sans ressources et parfois sans logement. Où est l'égalité quand les femmes qui travaillent ou qui cherchent un emploi ont tant de mal à faire garder leurs enfants ?

Je veux que la République prenne à bras-le-corps les problèmes d'aujourd'hui et de demain et pas seulement ceux d'hier.

Je veux que la République s'attaque aux nouvelles inégalités. Depuis des années, au nom de la morale républicaine, on proclame des droits qui ne sont pas suivis d'effet.

Parce que, au fond, personne ne se sent réellement concerné.

C'est la raison pour laquelle j'ai proposé de rendre un certain nombre de droits opposables. Un droit opposable, c'est un droit que l'on peut faire valoir devant un tribunal. Le droit de pouvoir scolariser son enfant est un droit opposable. Le droit d'être soigné lorsque l'on est malade est un droit opposable. C'est une façon de mettre tout le monde face à ses responsabilités.

Le droit opposable au logement obligera à construire assez de logements pour pouvoir loger tous les Français.

Le droit opposable à la garde d'enfants obligera à construire assez de places de crèche pour accueillir les enfants de toutes les mères qui travaillent ou qui cherchent un emploi et qui veulent concilier leur vie professionnelle et leur rôle de mère. Le droit opposable à la scolarisation des enfants handicapés obligera à faire une place à l'école à ces enfants pour que chacun s'enrichisse de la différence de l'autre.

Le droit opposable, c'est l'obligation de résultat à la place de l'obligation de moyens.

La France est une idée et la République est un projet. Nous devons faire en sorte que cette idée soit de nouveau comprise et partagée et que ce projet redevienne le projet de tous.

La République ne doit pas être un dogme, mais une espérance. La République n'est pas un modèle figé pour l'éternité, mais un projet toujours inachevé, un élan du cœur et de l'esprit, un idéal de civilisation et d'humanisme, un rêve d'universalité et de fraternité. La République, depuis deux cents ans, c'est une continuité de principes, de valeurs, d'objectifs et une variété de moyens, de procédures et de priorités en fonction des circonstances. La République de Jules Ferry et de Gambetta n'était pas celle de Danton ni celle de Robespierre, celle de Clemenceau n'était pas celle de Lamartine et pas non plus celle du général de Gaulle. Elle fut tour à tour girondine, jacobine, libérale, anticléricale, sociale, radicale... Elle se développa tour à tour par la conscription, par le suffrage universel, par l'école, par la laïcité, par la Sécurité sociale ou par le droit du travail... Elle s'affirma tour à tour dans la guerre et dans la paix, mais toujours combattant pour le même idéal.

C'est la leçon que Clemenceau fit à ses compatriotes vendéens il y a cent ans à La Roche-sur-Yon, sur cette terre que la plus atroce guerre civile avait abreuvée de tant de sang : « Au dernier chouan, je viens dire : la lutte dont tu fus le soldat s'est étendue bien au-delà de ton bocage et de ton marais. Ce ne fut qu'un moment du combat éternel pour la libération de l'Homme et tu peux découvrir aujourd'hui que la bataille n'a pas cessé depuis que tu as déposé les armes. Partout elle continue, en France comme ailleurs, non plus nécessairement à coups de fusils mais à coups de pensées, par le livre, par la parole, par la leçon. Le combat n'est plus aux chemins creux, il est à l'école [...]. La République n'est rien qu'un instrument d'émancipation, un instrument d'évolution par l'éducation de tous. »

La République, ce n'est pas que l'affaire de l'État, c'est l'affaire de tous. Sans une société civile qui joue pleinement son rôle, sans un monde associatif dynamique, il ne peut pas y avoir de République vivante. Il faut encourager, plus qu'on ne l'a fait jusqu'à présent, l'engagement civique et l'engagement humanitaire, aider les associations, promouvoir la générosité privée. La fiscalité, le droit du travail, l'organisation des études doivent mieux prendre en compte toutes ces formes d'engagement. Si je suis élu, j'instaurerai le service civique obligatoire qui sera l'occasion pour les jeunes Français de participer à des activités d'intérêt général, de découvrir le monde associatif et de l'aider, de donner un peu d'eux-mêmes aux autres en contrepartie de tout ce qu'ils reçoivent, bref, de découvrir que la République est faite de droits et de devoirs, d'engagements et de solidarités.

\*  \*

\*

La crise de la République est inséparable de la remise en question du progrès. Pendant les Trente Glorieuses, les fils lisaient dans les regards des pères la promesse d'un avenir meilleur. Aujourd'hui ils lisent dans leurs regards la hantise de l'exclusion ou la peur du déclassement et ils savent qu'ils vivront moins bien que leurs parents. Derrière la crise de l'idée de progrès, il y a le sentiment désespérant que la promotion sociale est impossible, que le mérite n'est plus récompensé et que le travail ne paye plus. Il ne protège même plus de la pauvreté. Avec la crise de la valeur travail, c'est l'espérance qui disparaît. Comment espérer encore si le travail ne permet plus de se mettre à l'abri de la précarité, de s'en sortir, de progresser ?

Si la crise d'identité est d'une gravité sans précédent depuis la Deuxième Guerre mondiale c'est parce qu'elle touche de plein fouet pour la première fois la

France qui travaille, celle dont l'identité était liée au travail.

Je me souviens de la visite d'une usine dans le Nord. Un journaliste demande à un ouvrier s'il est content de me voir dans son atelier. L'ouvrier répond « oui ». Le journaliste demande pourquoi. L'ouvrier répond : « Il est comme nous. » Que voulait dire le « comme nous » de cet ouvrier de cinquante ans en bleu de travail qui avait commencé à travailler à seize ans ? Être comme lui, c'était faire mon travail comme il faisait le sien. C'était avoir les mêmes valeurs que lui. C'était bien faire ce que j'avais à faire. Comme lui faisait du mieux qu'il pouvait ce qu'il avait à faire. Je ne faisais pas semblant. J'étais comme lui… Au fond, c'est le plus beau compliment que l'on m'ait jamais fait.

Dans les usines on parle peu. Il y a chez les ouvriers une noblesse de sentiments qui s'exprime plus par des silences enveloppés dans une forme extrême de pudeur que par des mots. J'ai appris à les comprendre et j'ai l'impression qu'ils me comprennent. Je ne veux pas que cette culture ouvrière se perde. Je ne veux pas d'une France sans usines. Si les usines partaient, le reste partirait aussi. Les services aux entreprises partiraient. Le marketing, la finance, la recherche appliquée partiraient.

La France sans paysans, sans artisans, sans viticulteurs, sans marins, sans ouvriers serait une France appauvrie moralement, culturellement, économiquement. J'admire ces travailleurs qui sont fiers de leur métier, qui considèrent qu'ils doivent le faire le mieux qu'ils peuvent. Je les admire autant que les grands résistants que j'admirais dans ma jeunesse. Ils ont les mêmes valeurs, le même sens du devoir, le même sens moral, le même courage.

À leur manière ce sont aussi des résistants. Des résistants contre la disparition d'un type de civilisation et d'un type d'homme qui respectent le travail comme une condition de la liberté, qui pensent que l'honneur c'est de toujours s'efforcer de faire le mieux possible ce qu'on a à faire, que la dignité c'est de ne rien devoir qu'à soi-même et que le premier devoir d'un homme c'est de transmettre ses valeurs à ses enfants.

Aux ouvriers qui ont tant de savoir-faire, tant de courage, tant de dignité, aux paysans qui depuis des générations font fructifier leur terre et qui sont si durs à la peine, aux artisans qui n'aiment que ce qui est parfait et dont les secrets se transmettent de génération en génération depuis des siècles, je me refuse à dire que tout est fini, qu'il n'y a plus de place pour eux dans le monde, qu'ils doivent disparaître, qu'ils ne servent plus à rien.

Je veux leur dire au contraire que rien n'est perdu. Un métier qui disparaît, un village qui se vide, un bassin industriel qui s'effondre, c'est un drame. Aucune nécessité économique ne justifie que la politique soit indifférente à ce drame et à la souffrance qu'il cause. Nulle impuissance publique n'oblige à accepter sans rien faire ce gâchis humain qu'un petit effort d'imagination, de volonté et de morale suffirait bien souvent à éviter. À quoi sert sinon la politique ? À quoi sert la politique si le marché a toujours raison, si c'est la Bourse qui décide de tout, si la rentabilité à court terme impose seule sa loi ? À quoi sert la politique si elle renonce à faire prévaloir une certaine idée de l'homme, si elle se contente d'accompagner une sorte de sélection naturelle qui fait triompher le fort et anéantit le faible, si elle ne donne pas sa chance à chacun ?

Je veux donner sa chance à chacun, à chaque territoire, à chaque quartier, à chaque ville. Parce que chaque homme, chaque territoire est une richesse.

# III

## La morale du capitalisme

Je crois au capitalisme, qui a vaincu la féodalité, le fascisme et le communisme, qui a mis fin à la pénurie et qui est la civilisation matérielle de l'Occident depuis le XIV$^e$ siècle.

Mais je suis convaincu que le capitalisme ne peut pas survivre sans une éthique, sans le respect d'un certain nombre de valeurs spirituelles, sans l'humanisme. Je suis convaincu qu'il y a une morale du capitalisme qui est une morale de la responsabilité et du mérite, que le capitalisme est condamné si le prédateur prend le pas sur le créateur, si le spéculateur et le rentier s'enrichissent davantage que l'entrepreneur et le travailleur, si la rémunération de chacun n'est pas en rapport avec la richesse qu'il crée, le service qu'il rend à la société, si la propriété n'est pas le fruit de l'effort, si l'argent devient l'unique mesure de la valeur des hommes et la seule raison de leurs actes.

Je ne crois pas à la pérennité d'un capitalisme dans lequel l'homme ne compterait pas, dans lequel le chef d'entreprise n'aurait de responsabilité que vis-à-vis de ses actionnaires sans en avoir aucune vis-à-vis de ses salariés, de la société, de son pays ou des générations futures. Ni à Venise, ni à Gênes, à Florence, à Bruges ou à Anvers, ces cités de marchands et de banquiers qui à la fin du Moyen Âge et au début de la Renaissance enfantèrent le capitalisme, la loi du profit ne fit oublier les devoirs envers la patrie, la religion et la société. Le magnifique héritage spirituel, intellectuel et artistique qu'ils nous ont légué témoigne que pour eux l'argent était un moyen et non une fin en soi. Comme il le fut aussi plus tard dans le capitalisme protestant d'Amsterdam, de Genève, de Londres puis d'Amérique où le sentiment religieux joua un si grand rôle. Le capitalisme américain n'est-il pas aujourd'hui encore assez largement religieux ? Son problème n'est-il pas précisément dans l'effritement de cette morale religieuse partagée ?

Je ne crois pas à la survie d'un capitalisme sans morale et sans éthique.

Je ne crois pas à la survie d'un capitalisme où toute la propriété serait diluée dans la Bourse, où l'actionnaire n'aurait plus aucun lien avec l'entreprise et avec ceux qui y travaillent, où l'entreprise ne serait plus qu'une fiction juridique et financière et non une réalité vivante.

Je suis convaincu qu'il faut rééquilibrer le capitalisme financier dans un sens plus favorable au capitalisme familial et entrepreneurial afin d'inscrire beaucoup plus qu'aujourd'hui la relation entre l'actionnaire et l'entreprise dans la durée, de lui redonner la dimension humaine, sentimentale, morale qu'elle a trop souvent perdue dans la dispersion du capital et l'activisme des gestionnaires de fonds qui traquent le profit immédiat sans se soucier de l'avenir ni des hommes.

Je ne crois pas à la survie d'un capitalisme où ceux qui échouent gagnent davantage que ceux qui réussissent, où les profiteurs et les tricheurs s'en tirent toujours. Je ne crois pas à la survie d'un capitalisme où les stock-options sont réservées à quelques-uns, où tous les profits sont accaparés par un tout petit nombre de gens, où restent impunis les patrons voyous qui déménagent leurs usines la nuit, vident les caisses, mentent sur leurs résultats, polluent sans vergogne pour augmenter leurs profits, exploitent sans états d'âme le travail des enfants du Tiers-Monde et la détresse des plus pauvres.

Je crois à la nécessité de valoriser la réussite et le talent. Mais je crois aussi à la nécessité de moraliser le capitalisme. Je crois à la liberté comme ressort du progrès. Mais je sais aussi que parfois c'est la loi qui libère et la liberté qui opprime.

Je crois à la concurrence qui pousse chacun à faire le mieux possible pour le moins cher possible, qui fait baisser les rentes et les surprofits. Je crois à l'économie de marché où le client est roi et où des millions de décisions individuelles orientent chaque jour l'éco-

nomie bien mieux que ne l'ont jamais fait aucun diri-
gisme ni aucune planification. Mais je suis convaincu
que la concurrence et le marché ne peuvent pas
résoudre efficacement les problèmes qui mettent
l'homme directement en jeu, qu'ils ne peuvent pas
résoudre à eux seuls les problèmes de l'éducation, de
la santé, de la culture, de la protection sociale, de l'environnement, de l'urbanisme, du logement ou de la
faim dans le monde. Les altermondialistes ont raison
sur un point essentiel : tout n'est pas réductible à la
marchandise.

L'économie de marché ne peut pas fonctionner sans
les règles et les institutions qui empêchent que le riche
devienne toujours plus riche et le pauvre toujours plus
pauvre, protègent le faible contre le fort, assurent que
la concurrence est loyale, font respecter la propriété.
Elle ne peut pas fonctionner sans que soit aidée et
financée en dehors du marché la production des biens
et des services nécessaires à tout le monde mais dont
personne ne peut tirer un profit suffisant pour être
incité à les produire lui-même.

Elle ne peut pas exister sans l'État qui exprime une
volonté collective face à toutes les volontés individuelles.

Je n'ai jamais compris que l'on oppose l'État et le
marché. Quand l'État est tout, tout est étouffé par la
bureaucratie, la corruption et le despotisme. À l'inverse,
le laisser-faire total conduit fatalement à la jungle et au
sacrifice du long terme.

Pour un pays, la réussite dans l'économie globale dépend de sa capacité à investir suffisamment dans les biens publics, à combiner efficacement l'État et le marché, à définir une stratégie collective et à la mettre en œuvre selon des moyens qui lui sont propres.

Le rapport que les Français entretiennent avec l'État sera toujours très différent de celui des Américains. L'histoire n'est pas la même. Aux États-Unis, c'est la nation qui a fait l'État. En France, c'est l'État qui a forgé la nation et qui l'a maintenue envers et contre tout. L'Amérique est un pays plus récent, plus neuf, un pays de pionniers. La France est un très vieux pays. En 1919 au Congrès de Versailles, Clemenceau disait à Wilson : « Pour vous, cent ans c'est immense, pour nous ce n'est rien. »

Notre rapport à l'État s'inscrit dans la très longue durée comme la condition de la continuité de la nation. Depuis toujours, la France a besoin d'un État fort pour garantir cette unité toujours fragile dont l'égalité est la clé de voûte. Depuis toujours, la France a besoin d'un État fort pour mettre au pas les féodalités toujours renaissantes. Mais cet État doit être au service des Français et non au service de lui-même. L'État s'affaiblit quand il se mêle de tout, quand il finance ses dépenses de fonctionnement par la dette et qu'il n'a plus les moyens d'investir, quand faute de diminuer les dépenses du passé il ne peut plus financer celles de l'avenir. Son autorité décline quand il néglige ses missions essentielles pour se mettre à faire ce que le

marché fait mieux que lui, quand il perd son impartia-
lité, quand il est rongé par les corporatismes, quand il
se laisse aller au clientélisme, quand il ne respecte pas
sa parole, quand il n'assure pas la sécurité, quand il ne
garantit pas la continuité du service public.

Nous avons besoin, plus encore peut-être que d'autres peuples, d'un État fort qui a une autorité, qui
exprime une volonté. Et au lieu de cela, à force de
laisser-aller, de laxisme, d'aveuglement, nous nous
sommes fabriqué un État incapable à l'extérieur de
défendre nos intérêts nationaux et à l'intérieur de
garantir la cohésion et la justice sociales.

J'en ai assez de voir l'État abaissé, le service public
dénigré. Je n'aime pas la façon dont on parle des fonctionnaires dans mon pays. Il est injustifié d'imputer aux
fonctionnaires les défaillances de l'État dont la responsabilité incombe à des politiques de lâcheté et
d'abandon. Les fonctionnaires sont des travailleurs
comme les autres. Ils contribuent comme les autres à
produire de la richesse. Ils ont pour la plupart une haute
idée de leur mission et le goût de servir. Depuis trop
longtemps leur pouvoir d'achat baisse, leurs perspec-
tives de promotion se rétrécissent, leurs conditions de
travail se dégradent. Les fonctionnaires sont démotivés
quand leur travail n'est pas reconnu, quand ceux qui
ne font rien gagnent autant que ceux qui font de leur
mieux, quand ils ne peuvent ni travailler davantage
pour gagner plus, ni progresser plus vite dans leur
carrière quels que soient les efforts qu'ils font et les

compétences qu'ils acquièrent. Ils sont démoralisés quand l'État est trop appauvri pour qu'ils soient en mesure d'accomplir correctement leurs missions. Ils sont démoralisés quand l'État est trop faible pour empêcher la violence d'entrer dans l'hôpital, dans l'école, dans le palais de justice, quand l'infirmière, le professeur, le chauffeur de bus, le conducteur de train s'en vont travailler le matin avec la peur au ventre. Un État qui ne protège pas ceux qui le servent, qui les condamne quoi qu'ils fassent et quelle que soit leur valeur à une carrière médiocre, un État qui oblige les grands savants à s'exiler parce que le statut de chercheur ne leur permet pas de travailler après l'âge de la retraite, un tel État n'est pas un agent de progrès mais un facteur de déclin.

On ne résoudra pas le problème en dressant les salariés du privé contre ceux du public, mais en réformant l'État. Je suis convaincu qu'il nous faut reconstruire un État où les fonctionnaires seront moins nombreux mais mieux payés, où les gains de productivité seront équitablement répartis, où le mérite individuel sera mieux reconnu et mieux récompensé, où la promotion interne sera facilitée parce que la gestion par les métiers remplacera la gestion par les corps, où la liberté de chacun de travailler davantage et celle de prolonger son activité après l'âge de la retraite seront reconnues, où la dignité et la protection des agents publics seront garanties.

Je suis convaincu que l'État pour recouvrer son autorité et son efficacité doit s'alléger de tous les organismes inutiles, de toutes les politiques qui ne servent à rien ou qui aggravent les problèmes qu'elles sont censées résoudre. Je suis convaincu qu'il doit être plus impartial, que face aux lobbies et aux clientèles il doit faire davantage prévaloir le principe d'égalité et que c'est dans l'égalité des citoyens devant la loi, devant l'impôt, devant le service public qu'il trouvera la clé de la simplification administrative et de l'équité pourvu que l'objectif soit l'égalité réelle et non l'égalité formelle.

L'État ne doit pas être un frein. Ce doit être une force d'innovation, de progrès, d'émancipation, de modernisation comme il l'a si souvent été au cours de notre histoire. S'il doit protéger, c'est pour mieux inciter à la prise de risque, à l'audace. S'il doit redistribuer, c'est parce que la redistribution est la contrepartie d'une société plus ouverte et plus risquée. S'il doit investir, c'est parce que la croissance pour être durable a besoin d'investissements à long terme.

Une société de croissance est une société dont les valeurs, la culture, la vision du monde sont tournées vers l'avenir, une société dans laquelle l'envie de vivre et de créer l'emporte sur la prudence et sur la peur. Une société de croissance, ce n'est pas seulement une société de la quantité. C'est aussi, c'est avant tout une société de la qualité de la vie et de l'optimisme, une société qui invente et qui espère, une société portée par l'élan vital de la création et l'aspiration au bonheur. L'État peut jouer un rôle décisif dans cette mise en mouvement de la société, comme une municipalité peut contribuer à faire l'atmosphère, le dynamisme, la prospérité d'une ville.

* *

*

En 1969, Georges Pompidou alors président de la République disait : « Le monde a besoin d'une nouvelle Renaissance. » Aujourd'hui, tout reste à faire pour que survienne cette nouvelle Renaissance, pour retrouver cet état de grâce où dans l'art, dans la science, dans l'économie, dans la société, partout la vie explose, partout l'intelligence humaine se met à féconder l'avenir. Je me souviens de cet historien des idées qui disait : « Si je voulais résumer en une phrase la mentalité de la Renaissance, je dirais : tout est possible. » Tout est possible ! C'est exactement ce sentiment qui manque à notre époque, à la France en tout cas. Nous avons besoin d'une nouvelle Renaissance. Nous avons besoin que tout redevienne possible. Tout paraissait possible aux hommes de la Renaissance. Tout paraissait possible à ceux des Lumières. Tout paraissait possible aux capitaines d'industrie, aux savants, aux instituteurs, aux artistes, aux hommes politiques vers les années 1880. Tout paraissait possible aux hommes du Conseil national de la Résistance, aux hommes de 1958, aux hommes des Trente Glorieuses.

Il nous faut retrouver cette foi dans l'avenir, cette foi dans les capacités humaines et dans le génie français. Dans cette France qui a si souvent étonné le monde, qui est si souvent ressuscitée quand on la croyait morte, qui a si souvent précédé le mouvement de la civilisation, si souvent accompli des actes exceptionnels. La France des croisades et des cathédrales, la France des droits de l'homme et de la Révolution, la France des Français libres et de la Résistance, la France de Pasteur, la France de Pierre et de Marie Curie, la France du TGV et de la fusée Ariane, « la France, la vraie France, comme disait Jaurès, la France qui n'est pas résumée dans une époque ou dans un jour, ni dans le jour d'il y a des siècles, ni dans le jour d'hier, mais la France qui est tout entière dans la succession de ses jours, de ses nuits, de ses aurores, de ses crépuscules, de ses montées, de ses chutes et qui, à travers toutes ces ombres mêlées, toutes ces lumières incomplètes, toutes ces vicissitudes, s'en va vers une pleine clarté qu'elle n'a pas encore atteinte, mais dont le pressentiment est dans sa pensée. » C'est ce pressentiment qu'il nous faut faire renaître, contre cet « à quoi bon » sinistre et résigné qui hante notre époque.

L'État a son rôle à jouer, pour le meilleur ou pour le plus mauvais, pour tout tirer vers le haut ou vers le bas. Vers le bas, c'est le conservatisme, l'immobilisme, la frilosité, le malthusianisme. Vers le haut, c'est la qualité de l'homme, de l'éducation, de la vie, de l'environnement, c'est le développement durable, la politique de civilisation. C'est la réforme intellectuelle et morale par l'école, par le civisme, par la revalorisation du travail, par le respect des valeurs de la République, par le respect de la loi. C'est la création mise au cœur de la politique.

Nous ne préserverons notre identité, nous ne regagnerons notre prospérité, notre influence dans le monde qu'à proportion de notre force créatrice. Notre avenir est entre les mains des créateurs. C'est l'invention et l'imagination d'aujourd'hui qui feront l'emploi et le pouvoir d'achat de demain. C'est l'investissement d'aujourd'hui dans la création et dans l'innovation qui fera les profits et les salaires de demain. La création, c'est ce qui donne son style, sa forme, son âme à une époque. Étatiser la création, la culture, reviendrait à les tuer. Le totalitarisme asservit toujours l'art et la culture pour mieux étouffer la liberté. Mais la création a besoin d'être soutenue, encouragée. Il lui faut un environnement, un climat, une volonté qui lui soient favorables. Plus encore peut-être qu'hier, la création de demain sera dans le mélange, l'essaimage, le métissage. Elle sera dans l'échange, le croisement des regards, la fécondation réciproque des intelligences et des sensibilités, des techniques et des sciences. Elle jaillira de la rencontre de l'artiste, du savant, de l'ingénieur, de l'entrepreneur, au croisement des technologies de la communication, de la science, de l'économie et de toutes les formes d'art et de pensée. Je veux favoriser ces rencontres, ces mélanges, ce métissage de cultures, d'arts et de savoirs.

Ce que la France réussit au XIX$^e$ siècle avec le prix de Rome, ce que l'Autriche réussit à Vienne au tournant du XIX$^e$ et du XX$^e$ siècle, ce que l'Allemagne réussit avec le Bauhaus dans les années 1920, ce que la France de nouveau réussit pendant les Trente Glorieuses, pourquoi serions-nous incapables de le réussir à l'orée du XXIᵉ siècle ?

Appuyé sur un patrimoine extraordinaire qu'il est dans les premières missions de l'État de préserver et de mettre en valeur parce qu'il exprime la continuité de la nation, parce qu'il est au cœur de son identité, riche d'un fabuleux héritage de pensée, de sensibilité, d'intelligence et de savoir-faire, notre pays a tous les moyens de redevenir l'un des plus créatifs du monde. Au-delà des sciences, des techniques, de la mode, du luxe, nous avons tous les atouts pour explorer de nouveaux secteurs d'excellence où notre culture, notre génie national peuvent faire merveille. Ce que nous avons fait pour l'aéronautique, l'espace et le nucléaire, nous pouvons le faire aussi pour les biotechnologies et pour le numérique. Une révolution est en cours qui ne fait que commencer. Elle est d'abord intellectuelle. Ce qui se passe, et notamment en France, autour du logiciel libre qui peut être librement utilisé, étudié, copié, modifié, redistribué, n'annonce pas seulement une diversification des modèles économiques mais aussi un bouleversement du savoir, l'émergence d'une nouvelle forme d'intelligence collective qui nous obligera tôt ou tard à tout repenser : nos institutions, notre système d'enseignement, nos politiques publiques, et aussi tout notre système juridique et pas seulement le droit du partage en ligne. Nous ne devons pas attendre. Fixons-nous comme objectif que la prospective sur la société numérique devienne une priorité nationale et débouche sur une stratégie collective. Je voudrais que nous retrouvions notre capacité d'anticipation, comme au début des Trente Glorieuses, au lieu de nous contenter de subir.

D'ores et déjà, il me paraît nécessaire de faire beaucoup plus que ce n'est le cas actuellement en matière de programmes éducatifs consacrés à l'informatique. Dans le monde de demain, il faudra savoir non seulement utiliser un ordinateur mais aussi écrire des programmes. Le corollaire, c'est que l'accès de tous et notamment des plus défavorisés aux technologies de l'information les plus performantes doit être assuré pour que l'inégalité technologique ne vienne pas aggraver l'inégalité sociale. Toutes les écoles, tous les collèges, tous les lycées, tous les établissements de formation mais aussi toutes les bibliothèques, tous les lieux administratifs doivent être équipés et connectés. Le prêt de matériel doit être facilité. Et plus aucun territoire ne doit être laissé à l'écart du très haut débit. Je voudrais que la France se fixe pour objectif d'être le premier pays d'Europe en matière d'égalité d'accès au très haut débit et dans le peloton de tête mondial pour ce qui concerne l'industrie du logiciel pour laquelle elle bénéficie de l'atout que constitue l'excellence de son école mathématique. C'est possible si la volonté politique est réelle.

Partout et en tout, il faut encourager la création. C'est particulièrement vrai avec Internet qui offre des possibilités infinies dans le domaine de l'art et de la pensée comme dans celui de l'économie. Le temps est venu de réorienter une partie des aides publiques vers ce foisonnement de micro-projets que suscitent les technologies de l'information. Il faut développer la circulation des œuvres à travers ces nouveaux canaux de communication, les utiliser pour recréer du lien social, développer de l'intelligence et de l'imagination collectives. Bref, prendre la révolution numérique à bras-le-corps et faire émerger une nouvelle génération d'entrepreneurs et d'inventeurs qui permettront d'en tirer le meilleur. Tant de jeunes dans le monde connaissent des succès éclatants dans ce domaine qu'il n'y a aucune raison que les Français restent à la traîne faute de conditions favorables. Je veux tout faire pour que les jeunes Français soient demain parmi les plus entreprenants et les plus inventifs de tous les acteurs de la révolution numérique.

Je voudrais qu'en tout, la création redevienne l'image de marque de la France. Les Français en ont les capacités. Il nous faut y mettre les moyens. Ce que nous faisons pour le cinéma par exemple, nous pouvons le faire aussi pour l'architecture, l'urbanisme ou le design. Fixons-nous pour objectif d'être dans ces domaines le pays le plus créatif et le plus en avance. À une époque où la technique change toutes les perceptions et toutes les relations, le moment est venu de remettre le temps, l'espace, le paysage, la ville au cœur d'un projet de civilisation. Le temps est venu d'exprimer à travers eux les caractères d'une nouvelle société, de nouveaux rapports sociaux, d'une nouvelle universalité, d'un nouvel humanisme qui restent à inventer.

Ce nouvel humanisme, la France est la mieux placée pour le promouvoir du fait de son histoire, de sa culture, de la place si singulière qu'elle occupe sur la scène du monde. Il sera ce par quoi nous pourrons penser l'avenir non en termes de précaution mais en termes de responsabilité, non en termes de regrets mais en termes de liberté et de volonté, non en termes de prudence mais en termes d'engagement.

Ce nouvel humanisme ne s'exprimera pas dans une doctrine, il s'exprimera dans des politiques nouvelles. Il s'exprimera dans la manière dont nous traiterons le problème de la jeunesse et celui de la vieillesse. Il s'exprimera dans la politique intérieure comme dans la politique extérieure. Il s'exprimera dans le développement durable, dans l'aide au développement, dans la promotion des droits de l'homme, de l'égalité des chances, de la laïcité, de la liberté de conscience. Il s'exprimera dans la construction d'une République réelle et non plus rêvée. Il s'exprimera dans la construction d'une démocratie irréprochable. Il s'exprimera dans le respect, partout dans le monde, du droit des peuples à disposer d'eux-mêmes. Il s'exprimera dans la francophonie, dans la défense de la diversité culturelle qui est un refus de l'aplatissement du monde. Il s'exprimera dans la manière dont la France relèvera le défi de la mondialisation.

# IV

## Le défi de la mondialisation

La mondialisation nous oblige à changer notre perspective. Elle nous contraint à l'audace. Elle ne doit pas être le nouveau nom de la fatalité, ni l'autre alibi de nos renoncements et de nos capitulations.

Nul ne peut échapper à la mondialisation. Nul ne peut la récuser. Mais la mondialisation contient le meilleur et le pire. La mondialisation est pour l'humanité un immense espoir et un terrible danger.

Il y a une mondialisation heureuse : celle où le progrès de chacun contribue au progrès de tous, celle où chacun crée sa propre croissance, celle où le but de chacun est d'élever son niveau de vie, d'élargir son marché intérieur, de produire pour consommer, de préserver l'avenir. Il y a une mondialisation malheureuse : celle de la concurrence déloyale et du dumping, celle où chacun cherche à prendre la croissance de l'autre ou à piller les ressources des générations futures, celle où chacun comprime son niveau de vie et restreint son marché intérieur parce qu'il veut produire d'abord pour vendre.

Un grand économiste américain a dit un jour : « Un pays n'est pas une entreprise, une entreprise produit pour vendre, un pays produit pour consommer. » Pour se développer, l'Afrique n'a pas d'abord besoin que ses agriculteurs produisent pour nourrir l'Europe. Elle a d'abord besoin de se nourrir elle-même, elle a besoin de l'indépendance et de l'autosuffisance alimentaires, besoin d'une agriculture vivrière davantage que d'une agriculture spéculative. Elle a besoin d'éducation, de santé, d'administration, de droit, de sécurité plutôt que de se laisser mourir de faim pour exporter. Plus que de recettes d'exportation, l'Afrique a besoin de produire pour consommer, de créer sa propre épargne, d'accumuler son propre capital, à commencer par son capital humain. Pour se développer, la Chine a moins besoin d'accumuler de gigantesques excédents commerciaux et de gigantesques réserves de devises en inondant le monde de ses produits, que d'augmenter ses salaires, d'accroître sa consommation intérieure, d'améliorer les conditions de vie et de travail de ses ouvriers et de ses paysans, d'investir dans l'innovation, dans la recherche, dans la formation, au lieu de comprimer le niveau de vie pour conserver un niveau de compétitivité qui lui permette de conquérir tous les marchés de la planète.

Ce qui vaut pour l'Afrique, pour la Chine, pour l'Inde, vaut aussi pour l'Europe et pour la France. Il faut en finir avec une conception de la mondialisation qui présente comme nécessaires la baisse du pouvoir d'achat, la dégradation continue des conditions de travail et la précarité. Le problème n'est pas de savoir si la mondialisation est trop ou pas assez libérale. Le problème est de savoir si la politique des sacrifices est la seule réponse à la mondialisation.

Il faut en finir une fois pour toutes avec le mythe d'une France frileuse, crispée sur ses acquis, incapable de voir le monde tel qu'il est. Partout en France, des millions de Français travaillent dur, innovent et entreprennent. Depuis des décennies, les Français n'ont pas ménagé leurs efforts. Ils ont affronté la mondialisation avec courage, ils ont changé leur manière de vivre et de travailler. En vingt-cinq ans la France s'est profondément transformée. Elle est devenue l'un des grands pays les plus ouverts du monde, et dont les salariés sont parmi les plus productifs. Qui a mesuré ce que cette transformation a coûté de sacrifices et de souffrance ? Imputer les difficultés de la France à l'immobilisme des Français, à leur égoïsme, à leur corporatisme, à leur aversion pour le risque et pour l'effort, est indécent.

Si les Français ont voté non à la Constitution européenne alors qu'ils avaient voté oui à Maastricht, si trois millions de Français sont descendus dans la rue pour dire non au CPE, s'il y a eu le 21 avril 2002, ce n'est pas parce que les Français n'ont rien compris au monde dans lequel ils vivent. C'est parce que ce qu'on leur fait vivre leur est devenu insupportable. Je trouve indécente l'attitude qui consiste à essayer d'expliquer à ceux qui souffrent de la mondialisation pourquoi leur souffrance n'a aucune raison d'être, pourquoi au lieu de se sentir malheureux ils devraient se sentir heureux. Au nom de quoi irais-je apprendre la vie à ceux qui en éprouvent tous les jours la dureté ? De quel droit irais-je expliquer aux ouvrières de la porcelaine que j'ai rencontrées à Limoges et qui se lèvent tous les jours à 4 heures du matin depuis trente ans qu'elles ne travaillent pas assez dur pour résister à la concurrence asiatique ? L'ouvrier de l'industrie qui vit sa troisième délocalisation, l'ingénieur de cinquante ans qui ne trouve plus de travail parce que sur le marché mondial l'ingénieur indien est prêt à faire le même travail pour dix fois moins cher, savent aussi bien que moi ce qu'est la mondialisation et ils n'ont pas besoin que je le leur explique.

La mondialisation est un fait. Un fait technique, financier, commercial, industriel, culturel. C'est la circulation des capitaux, des marchandises, des hommes, des idées. C'est la globalisation boursière, Internet, le libre-échange. C'est la possibilité pour les entreprises, grâce à la révolution numérique, de séparer les différents stades de la conception, de la production et de la commercialisation et de les implanter dans différents pays en fonction de leurs avantages comparés. C'est l'émergence de la Chine et de l'Inde dans l'économie mondiale. C'est l'arrivée chaque année sur le marché du travail mondial de 15 à 20 millions de travailleurs à bas salaires et dépourvus de protection sociale. C'est le dumping monétaire, social et écologique qui fausse les rapports d'échange. C'est l'opportunité immense de conquérir de nouveaux marchés et c'est aussi la concurrence déloyale. C'est la sortie de la misère pour des millions de gens dans le monde et c'est aussi le creusement sans précédent des inégalités. C'est la simultanéité et l'instantanéité de l'information et c'est aussi la naissance d'une opinion publique mondiale et d'une émotion planétaire. C'est le monde en réseau, l'intelligence collective, le savoir partagé, c'est aussi l'interdépendance plus forte des hommes et des nations. C'est l'émergence de la première civilisation mondiale de l'histoire et c'est en même temps le risque de l'uniformisation et de la crispation identitaire.

La mondialisation est un fait, avec ses chances nouvelles offertes à l'aventure humaine et ses menaces sur le niveau de vie, sur l'emploi, sur la cohésion des pays riches. Mais il y a aussi une idéologie de la mondialisation qui annonce l'avènement, par la concurrence, d'un modèle planétaire unique d'organisation économique et sociale, d'une culture unique, d'une pensée unique. La concurrence ne conduit pas en elle-même à l'uniformité. Elle pousse chacun à utiliser au mieux ses ressources et non à produire forcément la même chose de la même manière. En elle-même, la mondialisation ne supprime pas la liberté du choix. Elle n'est pas une dépossession de la souveraineté politique. Dans la mondialisation il y a plusieurs stratégies, plusieurs modèles économiques, plusieurs modèles de sociétés qui permettent de gagner. Le modèle japonais n'est pas le modèle anglais, le modèle chinois n'est pas le modèle américain. Chacun a beaucoup à apprendre des pays étrangers. Pour autant, pour aucun pays et pour aucune entreprise le succès ne viendra de l'imitation pure et simple de ce qui se fait ailleurs mais de sa capacité à tirer le meilleur parti de lui-même, de ce qu'il est, de son histoire, de sa culture, de ses savoir-faire, de son tempérament.

La mondialisation est une réalité. L'idéologie qui s'en sert pour justifier l'impossibilité de choisir et la fin de toute politique est un mensonge. Chacun peut encore choisir les moyens qui lui sont propres pour relever le défi. À condition de croire encore à la politique, c'est-à-dire à la force de la volonté, à sa capacité à modifier le cours des choses. À condition aussi de ne pas être naïf. Accepter la concurrence déloyale, le dumping, le protectionnisme à sens unique, c'est prendre le risque qu'un jour ou l'autre les peuples révoltés imposent la fermeture et le protectionnisme pur et dur qui seraient dramatiques. Le nouvel ordre économique mondial appelle une nouvelle division internationale du travail. Ce redéploiement planétaire des ressources et des activités doit être accompagné, canalisé, régulé pour être psychologiquement et socialement supportable. Une condition essentielle est qu'une partie des gains de ceux qui gagnent soit redistribuée à ceux qui perdent pour que les écarts ne se creusent pas trop. Dans les pays riches, en Europe comme aux États-Unis, le rejet de plus en plus grand de la mondialisation dans les classes populaires et dans les classes moyennes provient du fait que les gagnants sont de moins en moins nombreux et les perdants de plus en plus nombreux.

Mais la protection contre la concurrence déloyale et l'indemnisation des perdants ne peuvent à elles seules constituer une stratégie gagnante. Tirer le meilleur parti de soi-même dans la société de la connaissance, c'est accumuler du capital humain, investir massivement dans l'enseignement supérieur, dans la recherche et dans l'innovation, apprendre tout au long de la vie. Tirer le meilleur parti de soi-même, c'est pour notre pays renouer avec une politique industrielle ambitieuse qui exploite ses atouts, ses avances technologiques et son image de marque dans le nucléaire, le ferroviaire, l'espace, l'automobile, la santé, l'agro-alimentaire, le tourisme ou le luxe, ou encore dans les technologies propres et dans le logiciel où nous sommes en mesure, si nous nous en donnons les moyens, de prendre un avantage décisif. C'est que l'État se donne les moyens d'investir dans des activités nouvelles pour remplacer celles qui disparaissent.

Tirer le meilleur parti de soi-même, c'est pour notre pays se donner les moyens de devenir plus réactif, plus productif, plus compétitif. Dans l'économie mondialisée on ne peut prétendre rivaliser avec les pays à bas salaires si l'on augmente sans cesse le coût du travail en alourdissant les charges et les impôts qui le frappent. Dans l'économie mondialisée on ne peut prétendre attirer les capitaux en les taxant plus qu'ailleurs. Dans l'économie mondialisée il est absurde de faire financer la protection sociale en taxant les productions nationales et en exonérant les produits importés, ce qui revient à inciter le consommateur à détruire délibérément son emploi et sa protection sociale. Tirer le meilleur parti de nous-mêmes, c'est cesser de rationner le travail par la réduction du temps de travail. C'est rompre avec le malthusianisme, rompre avec cette idée fausse que le partage du travail peut être une solution au chômage. C'est le travail qui crée le travail, c'est le travail qui crée la croissance. Le partage du travail est un appauvrissement, c'est un frein à la croissance, un frein à l'augmentation des salaires.

Tirer le meilleur parti de soi-même, c'est pour notre pays cesser de pousser à l'exil tant de talents, tant d'intelligences, tant de jeunes qui aspirent à la réussite. Chaque jeune diplômé, chaque savant, chaque artiste qui s'en va parce qu'il a le sentiment qu'en France la réussite est sanctionnée au lieu d'être encouragée, chaque entrepreneur qui part s'installer à l'étranger parce qu'il veut mettre son capital à l'abri ou parce qu'il ne trouve pas les moyens d'entreprendre, c'est un appauvrissement de la France, c'est son potentiel de croissance et de création qui se rétrécit, c'est son déclin qui s'accentue. De cela ce n'est pas la mondialisation qui est coupable, ce sont nos politiques, nos abandons.

Alors que partout dans le monde les États s'activent dans la défense de leurs intérêts nationaux, le nôtre reste immobile. Ce que font les États-Unis, le Japon, la Chine, serions-nous incapables de le faire, nous qui avons dans l'histoire hissé si haut l'État ? Serions-nous devenus incapables de faire ce qu'ont fait les Français de l'après-guerre avec la planification à la française, avec leur approche globale de la productivité, leur souci de la prospective, leur volonté d'associer toutes les forces vives de la nation à la définition et à la mise en œuvre d'une stratégie collective ?

En 1946, Jean Monnet disait : « Nous ne manquons pas de plans, tout le monde fait le sien dans son coin, mais aucun ne s'articule avec les autres. » Il voulait faire émerger non un consensus mou mais une vision commune de l'avenir par laquelle une nation se mobilise en se projetant dans le futur. Il disait encore que sa priorité était de faire venir à la table des discussions la CGT qui était alors une puissance formidable sans laquelle la reconstruction n'eût pas été possible. Nous ne referons pas la même chose avec les mêmes moyens, ni avec les mêmes mots. Mais il nous faut en retrouver l'esprit : la mondialisation appelle plus de projet collectif et de prospective et non pas moins. Pour relever le défi de la mondialisation que pour l'instant nous nous contentons assez largement de subir, une bonne partie de la solution est en nous-mêmes. Une autre est dans notre capacité à agir dans le monde pour humaniser la mondialisation et pour empêcher qu'elle ne tourne mal.

\* \*

\*

La première mondialisation, celle des années 1870-1914, s'est abîmée dans le protectionnisme, la guerre économique, la Première Guerre mondiale, la Révolution russe, la crise des années 1930 et le fascisme. Quel sera le sort de la deuxième ? Sur fond de réchauffement climatique et de sous-développement, des guerres de la faim et de l'eau menacent le monde, les grandes migrations de population ont déjà commencé. Les frontières commerciales s'estompent peut-être mais des murs les remplacent. Tous les murs du monde ne réussiront pas cependant à arrêter les hommes fuyant la misère.

Le codéveloppement durable est la seule issue possible à la tragédie qui se noue. Le codéveloppement, c'est le développement solidaire au lieu d'être antagoniste. C'est la reconnaissance d'un intérêt commun. C'est le partage de la technologie, de la connaissance, des compétences, des médicaments. C'est le libre-échange négocié et régulé. C'est une immigration choisie, c'est-à-dire décidée ensemble, organisée ensemble, maîtrisée ensemble. C'est la compréhension, le respect et la coopération.

Il suppose que la concurrence ne soit pas le seul principe qui régisse les affaires du monde. Il suppose que le monde accepte de se préoccuper du sort des générations futures et pas seulement de la rentabilité à court terme.

La France a vocation à promouvoir le dialogue des cultures contre l'aplatissement du monde. Elle a vocation à rappeler au monde que le capitalisme a besoin pour pouvoir fonctionner et pour être accepté de répondre à une exigence spirituelle et morale. Elle a vocation à être toujours dans le camp de la paix et de la démocratie. Elle a vocation à défendre toujours les droits des peuples à disposer d'eux-mêmes. Elle a vocation à être toujours du côté de la justice et des droits de l'homme.

La mondialisation telle que je la souhaite passe par le renforcement du rôle de l'Onu et l'accroissement de ses moyens, notamment dans les opérations de maintien de la paix. Elle passe par l'élargissement du G8 à la Chine, à l'Inde et au Brésil. Elle passe par la création à côté de l'Organisation mondiale du commerce d'une organisation distincte dédiée à l'environnement et dotée des mêmes pouvoirs juridictionnels. Elle passe par la nécessité de donner aussi de tels pouvoirs juridictionnels à l'Organisation internationale du travail, à l'Unicef, à l'Unesco, à l'Organisation mondiale de la santé, à l'Organisation mondiale pour l'agriculture et l'alimentation, afin que le droit du commerce et la logique du marché ne s'imposent pas de façon exclusive à toutes les activités humaines.

Je propose que la France prenne la tête du combat mondial pour le codéveloppement en y engageant la jeunesse française, en créant des universités et des pôles de compétitivité communs, en faisant de l'immigration choisie une immigration partagée. Je voudrais qu'elle donne au monde l'exemple d'un développement durable et d'une société de modération, renvoyant dos à dos la dangereuse utopie d'une croissance zéro, la myopie du marché et le productivisme effréné.

Dans ce monde risqué, où prolifèrent les armements nucléaires, nul ne peut se réjouir de voir l'Amérique enlisée en Irak. Nul ne peut souhaiter qu'elle soit un jour affaiblie au point de ne plus être en mesure de jouer pleinement son rôle en faveur de l'équilibre du monde. Miser sur l'affaiblissement de l'Amérique serait une politique à courte vue contraire à l'intérêt de la France et de l'Europe, et à l'intérêt de la paix. On m'a reproché d'attacher de l'importance à l'amitié entre la France et les États-Unis. On m'a reproché d'avoir rencontré, ministre français, le président des États-Unis. Faut-il donc nous poser en ennemis des États-Unis parce que nous sommes en désaccord avec leur politique ? Oserai-je rappeler à ceux qui seraient tentés par cette politique du pire ce qu'avait déclaré en 1960 le général de Gaulle devant le Congrès des États-Unis, lui qui n'avait jamais marchandé l'indépendance française ? « La France a choisi d'être du côté des peuples libres. Elle a choisi d'y être avec vous [...]. Ce qui a conduit et maintient la France à vos côtés, c'est, avant tout, son âme millénaire, sa tradition qui fait d'elle un champion de la liberté, son idéal qui a pour nom les droits de l'homme, sa conviction qu'en fin de compte l'ordre du monde exige la démocratie dans le domaine national et le droit des peuples à disposer d'eux-mêmes sur le plan international. Or c'est cela même qui est également la lumière, l'inspiration, l'esprit du peuple américain. » Il avait ajouté : « Américains, sachez-le ! Rien ne compte davantage pour la France que la raison, la résolution, l'amitié du grand peuple des États-Unis. Je suis venu vous le dire. » Voilà ce que disait le général de Gaulle.

Presque un demi-siècle plus tard, cette donnée fondamentale de la politique mondiale demeure, au-delà des vicissitudes de l'histoire et des erreurs qui ont pu être commises de part et d'autre. Refuser toute inféodation, toute vassalisation par rapport à quiconque à commencer par l'Amérique, telle doit être naturellement la ligne de conduite de la diplomatie française. Nul besoin pour cela d'être arrogant ou méprisant avec nos amis et nos alliés, ni de souhaiter la défaite de la démocratie. Car la défaite de l'Amérique, quelles que soient les erreurs de l'Amérique, quelles que soient les fautes de l'Amérique, est toujours une défaite de la démocratie face aux forces qui lui sont hostiles.

Face aux menaces qui pèsent sur la paix du monde, la France ne doit pas relâcher son effort de défense. Face aux atteintes aux droits de l'homme, elle doit être toujours du côté des pays qui défendent la liberté et du côté des victimes persécutées par les fanatismes et les dictatures. Face à la mondialisation, à l'américanisation du monde, à l'émergence de la Chine, à la régionalisation des économies mondiales, plus que jamais pour faire vivre la France nous devons faire l'Europe.

# V

# L'Europe et la Méditerranée

L'Europe est un projet de paix et de civilisation. La culture française ne survivrait pas à la mort de la culture européenne. Si l'Europe devait se défaire, c'est l'homme européen et l'idée qu'il se fait de la liberté de l'esprit et de la dignité de la personne humaine qui disparaîtraient aussi, parce que aucune nation européenne ne serait alors assez forte pour faire entendre sa voix dans le dialogue des cultures et pour s'opposer seule à l'uniformisation planétaire.

L'Europe ne peut pas être seulement un héritage. Pour compter dans le monde, l'Europe doit être une volonté. Malraux avait raison : « L'Europe sera volonté ou mort. » Cette volonté, les pères fondateurs de l'Europe, Monnet, Schuman, De Gasperi l'ont eue. Cette volonté, Churchill, de Gaulle, Adenauer l'ont eue. Cette volonté, Georges Pompidou, Valéry Giscard d'Estaing, François Mitterrand, Jacques Chirac, Willy Brandt, Helmut Schmidt, Helmut Kohl, Jacques Delors l'ont eue. De la Ceca à l'Acte unique et à Maastricht en passant par le traité de Rome, de l'acier à la monnaie unique, l'Europe s'est faite, portée par la volonté des gouvernements et des peuples.

Mais les peuples voulaient l'Europe pour agir, non pour subir. Ils voulaient l'Europe comme multiplicateur de puissance, non comme facteur d'impuissance. Ils voulaient l'Europe comme protection, non comme cheval de Troie de tous les dumpings. Ils la voulaient forte, défendant ses intérêts et ses valeurs dans l'économie globale, non victime expiatoire de la mondialisation, offerte à tous les prédateurs, servant de variable d'ajustement à toutes les conjonctures et à toutes les stratégies. Ils voulaient une Europe démocratique, respectueuse des identités nationales et de la souveraineté des peuples, non une Europe bureaucratique, écrasant tout sous le poids de ses règlements, empêchant, au nom d'une vision dogmatique de la concurrence, toute forme de politique industrielle, interdisant toute politique macroéconomique, incapable de concevoir et de mettre en œuvre de véritables politiques communes, de mettre en place une préférence communautaire, d'imposer à ses concurrents et même à ses propres membres une compétition loyale. Ils voulaient une monnaie unique au service de l'Europe, de sa compétitivité, de sa croissance, de son emploi, non une Europe étouffée par une monnaie surévaluée par rapport à toutes les autres. Ils voulaient la monnaie au service de l'économie et non l'économie au service de la monnaie. Ils voulaient une Europe avec une personnalité, avec une identité, avec des frontières. Ils voulaient une Europe dans laquelle ils puissent se reconnaître, une Europe européenne. Non une Europe sans frontière fixe, s'élargissant indéfiniment, diluant indéfiniment ses institutions, ses politiques, sa volonté dans un ensemble toujours plus vaste, plus hétérogène, plus relâché.

L'élargissement a affaibli la volonté commune, et dressé devant l'intégration politique un obstacle infranchissable. L'entrée de la Turquie tuerait l'idée même de l'intégration européenne. Elle la réduirait au libre-échange et au droit de la concurrence. Elle enterrerait définitivement l'objectif d'une Europe puissance, des politiques communes et d'une démocratie européenne. Elle porterait un coup fatal à la notion même d'identité européenne.

Cette Europe qui est devenue synonyme d'impuissance, cette Europe de l'euro fort, du libre-échange comme religion, de la concurrence comme dogme, cette Europe du dumping fiscal et social, cette Europe de l'élargissement sans fin et dont les peuples ont le sentiment qu'elle se fait sans eux et parfois même contre eux, cette Europe-là a sa part de responsabilité dans la crise identitaire que nous vivons. J'ai toujours dit oui à l'Europe. J'ai dit oui à la monnaie unique, oui à la Constitution européenne. Mais je ne crois pas que le « non » à la Constitution européenne soit un refus du monde. Je ne crois pas qu'il exprime une volonté de repli sur soi, ce n'est pas le « non » d'une France frileuse qui aurait peur de tout. C'est le cri d'une France qui n'en peut plus de subir, qui ne veut plus que l'on décide sans elle, qui ne se sent ni écoutée ni entendue, qui ne veut pas qu'on lui réponde toujours : « Je n'y peux rien. » En faisant de l'Europe un alibi de tous nos renoncements, on a fait apparaître le « non » à l'Europe comme un « non » au renoncement, alors que c'est l'inverse qui devrait être vrai : c'est le « oui » à l'Europe qui devrait être le vrai refus du renoncement si l'Europe tenait ses promesses.

Après le « non » à la Constitution européenne nous ne pouvons pas continuer à faire l'Europe de la même manière. Les élites européennes ne peuvent pas se contenter d'essayer de mettre l'Europe à l'abri des passions populaires sous prétexte qu'elle serait une chose trop importante pour être abandonnée entre les mains des citoyens ordinaires. Se contenter d'expliquer à la France qui a voté « non » qu'elle a eu tort, qu'elle n'a rien compris, que c'était trop compliqué pour elle, qu'elle a répondu à côté de la question conduirait droit à l'échec de la même façon. L'Europe ne se fera pas sans les peuples ni contre eux. La France du « non » exprime une souffrance et une angoisse qui dépassent le problème de l'Europe mais dans lesquelles les dérives de l'Europe jouent un rôle non négligeable. À juger la France du « non » au lieu de chercher à la comprendre, à la condamner au lieu de prendre au sérieux ses difficultés, à rester sourd à son cri de détresse et de colère, on risque de la pousser à crier plus fort encore sa révolte. À traiter la France du

« non » avec arrogance ou avec mépris au lieu de s'interroger sur les dérives qui nourrissent ce refus on ferait la politique du pire. Il ne pourrait en sortir que le pire.

La réconciliation de la France du « oui » et de celle du « non » devrait être la préoccupation majeure du nouveau président de la République. Elle est la condition nécessaire pour que la France puisse se réconcilier avec elle-même et prendre son avenir à bras-le-corps. Elle est la condition nécessaire pour réconcilier la France avec l'Europe et pour que l'Europe contribue à résoudre la crise d'identité et non à l'aggraver. C'est ce à quoi je m'emploierai en priorité si je suis élu. Car il n'y a pas de fatalité à l'impuissance européenne. Tous les Européens et pas seulement les Français ont un besoin vital d'une Europe qui prenne ses responsabilités, d'une Europe qui protège ses citoyens. Si l'Europe ne se donne pas les moyens de préserver sa cohésion sociale, si elle ne se donne pas les moyens d'investir massivement, si elle ne se donne pas les moyens de maîtriser l'immigration, si la mondialisation continue d'être l'excuse de tous ses abandons au lieu qu'elle soit la raison d'être et l'aiguillon de sa volonté, elle sera balayée par le vent de l'histoire et la colère des peuples.

L'Europe des pères fondateurs croyait en elle. Elle croyait dans ses valeurs et dans sa cause. Elle avait mis en commun son charbon et son acier, organisé une politique agricole commune, posé le principe d'une préférence communautaire, permis à Airbus d'exister. Aujourd'hui, l'avenir ne se joue plus dans le charbon et dans l'acier mais dans l'énergie, l'environnement, les biotechnologies, l'espace… Mais c'est la même nécessité qui s'impose. L'Europe ne peut pas confier son avenir énergétique à une poignée de traders à Londres, à New York ou à Singapour. Elle ne peut pas laisser s'accumuler des rentes colossales, des profits gigantesques et des retards d'investissement qui se paieront très cher dans l'avenir.

L'Europe de l'industrie, ce n'est pas celle qui empêche avec obstination la création de champions européens et qui préfère que les entreprises soient rachetées par des entreprises américaines ou indiennes plutôt que par des entreprises européennes. C'est celle qui aide les entreprises à améliorer leur compétitivité et à mettre au point de nouveaux produits.

L'Europe qui n'a pas peur de prendre ses responsabilités, ce n'est pas celle qui fait du libre-échange une religion. C'est celle qui assume une préférence communautaire.

L'Europe qui a confiance en elle, c'est l'Europe qui joue pleinement le jeu de la subsidiarité, qui se dote d'un gouvernement économique, qui met des bornes à son élargissement, qui renonce à la règle de l'unanimité.

C'est l'Europe dans laquelle personne ne peut obliger un État membre à s'engager dans une politique dont il ne veut pas. Mais c'est aussi celle dans laquelle aucun État ne peut empêcher les autres d'agir. C'est l'Europe de ceux qui veulent exprimer de nouveau une volonté commune, de ceux qui veulent agir et non plus subir. Cette Europe-là est possible. Cette Europe-là est nécessaire. Cette Europe-là, c'est l'Europe fidèle à sa promesse. C'est celle que je veux promouvoir. C'est celle qui réconciliera, j'en suis sûr, tous les Français avec l'Europe.

Avant de refonder politiquement l'Europe, nous devons la refonder économiquement et socialement. Dans la situation actuelle, l'ambition de tous les Européens qui veulent l'accomplissement du rêve européen devrait être de redéfinir les principes et les règles de l'union économique et monétaire en les inscrivant dans cette dimension humaniste et sociale qui fait aujourd'hui tant défaut à l'Europe.

Car nul ne fera aimer l'Europe si celle-ci est perçue comme un facteur d'appauvrissement et non de prospérité, si elle est perçue économiquement et socialement comme une cause de régression et non de progrès, si le sentiment ne s'y retrouve pas autant que la raison.

Les Français ont dit non à la Constitution européenne parce qu'ils avaient le sentiment que l'Europe ne les protégeait plus et qu'elle faisait d'eux non des acteurs mais des victimes de la mondialisation. La meilleure réponse, c'est que l'on refasse l'Europe des politiques communes plutôt que de continuer à faire une Europe sans politique. Si je suis élu, je proposerai à nos partenaires de créer un véritable gouvernement économique de la zone euro. Je placerai au centre du débat européen la question de la gestion de l'euro, la moralisation du capitalisme financier, la promotion d'une économie de production contre une économie de spéculation et de rente et la question de la préférence communautaire. C'est la vocation de la zone euro de lutter contre les excès de la financiarisation de l'économie. L'Europe y retrouverait cette légitimité qu'elle a perdue en devenant le symbole d'une impuissance collective alors que tous les Européens attendaient d'elle qu'elle fût au contraire l'expression d'une volonté commune. Si je suis élu président de la République, c'est le projet que je proposerai à nos partenaires de la zone euro. Nous ne pouvons pas proclamer que nous voulons humaniser la mondialisation, promouvoir des valeurs de civilisation, préserver le modèle social européen, et continuer de faire l'économie d'une réflexion collective sur le financement de la spéculation, les paradis fiscaux, le partage des richesses entre le capital et le travail, le financement des investissements à long terme…

Je proposerai à nos partenaires de rouvrir le dossier de la politique agricole commune avec l'objectif de garantir l'indépendance alimentaire de l'Europe, ce qui est loin aujourd'hui d'être le cas, mais aussi la sécurité sanitaire, le respect de l'environnement et un revenu décent pour les agriculteurs. Repenser la politique agricole est une nécessité. La supprimer serait catastrophique. Cela mettrait le sort de l'agriculture entre les mains de la spéculation.

Je proposerai à nos partenaires l'instauration d'une politique commune de l'énergie pour que nous nous préparions ensemble à affronter la raréfaction du gaz et du pétrole. L'Europe de l'électricité ne doit pas veiller précautionneusement à empêcher la naissance d'entreprises trop puissantes. Elle doit s'occuper des interconnexions et des investissements dans les infrastructures et dans la production qui est en retard sur les besoins.

L'Europe du gaz ne doit pas se demander si Suez et Gaz de France ont bien le droit de s'unir, elle doit créer une centrale d'achat européenne de gaz qui dispose d'un vrai pouvoir de négociation face au géant Gazprom.

Je proposerai l'Europe de l'environnement non pour accabler l'industrie européenne de règlements tatillons, mais pour investir massivement dans les technologies propres et taxer le contenu en carbone des importations en provenance des pays qui ne respectent aucune norme écologique.

Il faut refonder l'Europe économique. Mais pour que cette refondation soit possible, encore faut-il sortir du blocage actuel. Car l'Europe est bloquée. Elle est bloquée institutionnellement parce qu'il y a trop de pays pour que l'unanimité puisse fonctionner et parce que les intérêts sont de plus en plus divergents. Elle est bloquée parce que dans beaucoup de pays les peuples ne suivent plus et parce que aucun État n'a désormais de force d'entraînement suffisante.

Débloquer l'Europe institutionnellement, telle est à mes yeux la priorité absolue si nous ne voulons pas que très vite l'Union se transforme en une simple zone de libre-échange où viendront s'affronter les spéculateurs et les prédateurs du monde entier.

Dans ce but, ma première initiative sera de proposer à nos partenaires de nous mettre d'accord sur un texte simple qui reprendra, dans la première partie du projet de traité constitutionnel, les seules dispositions nécessaires pour que l'Europe puisse se remettre en marche qui n'ont pas suscité de désaccord majeur durant la campagne référendaire.

Je proposerai notamment de mettre fin à la règle de l'unanimité qui interdit d'avancer mais aussi de revenir sur des décisions déjà prises. Je proposerai que soit posé le principe que ceux qui veulent agir ne puissent pas en être empêchés par ceux qui ne veulent rien faire. Et qu'à l'inverse nul ne soit obligé d'agir quand il ne le souhaite pas.

Ce traité simplifié, de nature fonctionnelle, sera soumis pour ratification au Parlement. Il n'aura pas pour ambition de refonder l'Europe politique. Ce ne sera pas une constitution mais seulement le moyen de faire en sorte que nous puissions de nouveau parler ensemble et décider ensemble.

\* \*

\*

L'autre priorité d'une politique française dans son rapport au monde est en Méditerranée. Quand on évoque tout ce qui constitue notre conception de la personne humaine dans sa dimension intellectuelle comme dans sa dimension morale et spirituelle, tous nos regards se tournent vers la Méditerranée qui nous a tout enseigné. Nous sommes les enfants de l'Égypte, de la Grèce, d'Israël, de Rome, de Venise, de Florence, de Séville. Nous sommes les enfants des savants arabes qui ont sauvé et qui nous ont transmis l'héritage des anciens Grecs. Nous sommes les enfants de Socrate condamné à mort pour avoir perverti la jeunesse athénienne, d'Alexandre éternellement jeune et de son rêve grandiose et brisé d'un empire universel unissant l'Orient et l'Occident, d'Auguste faisant tous les soirs sa prière à tous les dieux de l'empire, d'un humble Juif crucifié pour avoir enseigné aux hommes à s'aimer les uns les autres. Là, autour de cette mer baignée de lumière où depuis deux mille ans la raison et la foi dialoguent et s'affrontent, là, sur ces rivages où l'on mit pour la première fois l'homme au centre de l'univers, là se joue une fois encore notre avenir.

Quand je pense à la Méditerranée, je pense à la prière écrite sur la coupole de la cathédrale Notre-Dame d'Afrique à Alger : « Dieu veille sur nous, chrétiens et musulmans. » Je pense aussi au testament du frère Christian, supérieur du monastère de Tibhirine menacé par des fanatiques islamistes, s'adressant par avance à son assassin pour lui pardonner : « Et toi aussi, l'ami de la dernière minute qui n'auras pas su ce que tu faisais. Oui pour toi aussi je le veux, ce Merci, et cet "A-Dieu" envisagé de toi. Et qu'il nous soit donné de nous retrouver, larrons heureux en paradis, s'il plaît à Dieu, notre Père à tous les deux. Amen ! Inch Allah ! » Mais je pense aussi à l'enfant grec de Victor Hugo, que dans ma jeunesse on apprenait à l'école, cet enfant sur son île de Chio où tout est ruine et deuil à cause de la guerre :

« Un enfant aux yeux bleus, un enfant grec, assis,
Courbait sa tête humiliée [...]
Que veux-tu ? Bel enfant que te faut-il donner ? [...]
Ami, dit l'enfant grec, dit l'enfant aux yeux bleus,
Je veux de la poudre et des balles. »

La Méditerranée est-elle condamnée éternellement à la vengeance et à la haine ?

Là, si nous n'y prenons garde, se situera l'épicentre du choc des civilisations. Là, si nous n'y prenons garde, les valeurs qui sont l'héritage commun de toutes les civilisations de la Méditerranée perdront la bataille de la mondialisation. Là, nous pouvons tout gagner ou tout perdre. Nous pouvons avoir la paix ou la guerre, la meilleure part de la civilisation mondiale ou le fanatisme et l'obscurantisme, le dialogue des cultures le plus fécond ou l'intolérance et le racisme, la prospérité ou la misère, le développement durable le plus exemplaire ou la pire catastrophe écologique. La Méditerranée peut être le théâtre de la plus vaine des guerres économiques et commerciales ou celui de la coopération la plus efficace.

Dans le monde se dessinent de vastes stratégies continentales qui enjambent les hémisphères. Entre le continent américain d'un côté et l'Asie de l'autre, la géographie de la mondialisation pousse l'Europe à imaginer une stratégie euro-africaine dont la Méditerranée sera fatalement le pivot.

Cette ambition de faire du bassin méditerranéen davantage qu'un pont entre le Nord et le Sud, un foyer de paix, de culture, de démocratie, de développement durable d'où naîtra dans le creuset des siècles et des civilisations le destin commun de l'Europe, du Moyen-Orient et de l'Afrique, cette ambition ne saurait être réduite au seul dialogue Euro-Méditerranée imaginé il y a onze ans à Barcelone et qui par bien des aspects est un échec. Échec prévisible dès lors qu'il s'agissait une fois de plus de faire dialoguer le Nord et le Sud, et de perpétuer ainsi cette frontière invisible qui depuis si longtemps coupe en deux la Méditerranée, perpétue des relations de domination et oppose ses deux rives au lieu de les unir. C'est aux pays méditerranéens eux-mêmes de prendre en main la destinée que la géographie et l'histoire leur ont préparée et d'entraîner à leur suite les continents. C'est à la France, européenne et méditerranéenne à la fois, de prendre l'initiative avec le Portugal, l'Espagne, l'Italie, la Grèce, Chypre, d'une union méditerranéenne comme elle prit jadis l'initiative de l'Union européenne.

C'est dans cette perspective qu'il nous faut envisager les relations de l'Europe et de la Turquie, repenser ce qu'on appelait jadis la politique arabe de la France, approcher le problème de la paix au Moyen-Orient et chercher une issue au conflit israélo-palestinien. C'est dans cette perspective qu'il nous faut concevoir l'immigration choisie, le codéveloppement, la maîtrise du libre-échange, le combat pour la diversité culturelle. La Méditerranée a besoin d'une rencontre périodique de ses chefs d'État et de gouvernement comme les grands pays industrialisés ont leur G8. Elle a besoin d'un Conseil de la Méditerranée comme l'Europe a le Conseil de l'Europe. Elle a besoin d'un système de sécurité collective. Elle a besoin d'investissements dans les infrastructures. Elle a besoin d'une gestion commune de l'eau, d'une politique commune de la mer, d'une politique commune de l'énergie, d'une politique commune des migrations, d'une politique commune du patrimoine, du tourisme, de la recherche...

La dépollution de la Méditerranée et l'énergie pourraient constituer les premières de ces politiques communes parce que ce sont les plus urgentes, les plus nécessaires. La deuxième priorité est dans la création d'une banque méditerranéenne d'investissement sur le modèle de la Banque européenne d'investissement, dans la coopération entre les entreprises et les accords de sous-traitance. Pourquoi ce que le Japon réussit à faire si efficacement avec la Chine, l'Europe ne pourrait-elle pas le faire aussi bien avec le monde arabe ? La troisième priorité est la mise en place d'une coopération intégrée pour lutter ensemble contre la corruption, le crime organisé et le terrorisme.

\* \*

\*

Ce que doit être le but de la politique française, le général de Gaulle l'avait résumé un jour ainsi : l'unité nationale, européenne, mondiale. Je rajouterais : méditerranéenne. Les moyens ont changé. L'objectif est toujours le même.

L'unité mondiale, la France la veut. Elle la veut par le multilatéralisme, par le droit et par la coopération. L'unité de la Méditerranée, la France la veut par la sécurité collective, le codéveloppement et le dialogue des civilisations. L'unité de l'Europe, la France la veut. Elle la veut par l'action, par la solidarité et par la réciprocité.

L'unité de la France, ce devrait être le premier but de toute politique française.

On ne refait pas la France sans les Français.

La France n'est forte que lorsque les Français croient en elle.

Nous ne bâtirons pas notre succès sur la repentance, le reniement de soi ou le dénigrement systématique de tout ce que nous sommes.

Je veux rendre à tous les Français la fierté d'être Français, les réconcilier avec la France et avec le monde. Je veux les réconcilier avec la politique, nouer entre eux et la politique une nouvelle relation.

Je veux qu'ils se sentent de nouveau appartenir à une nation qui les protège, à une République qui les unit, à un État qui les respecte, à une Europe qui leur permet de compter encore sur la scène du monde.

Voilà ce que nous pouvons construire ensemble.

# VI

## Tout est possible

La France est confrontée à un quadruple défi qui ébranle la perception qu'elle a d'elle-même, de son avenir, de son histoire, de son rôle, de son identité. Ce défi est celui de la mondialisation qui oblige à se penser sans cesse par rapport aux autres et pas seulement par rapport à soi-même.

Ce défi est celui de l'intégration qui pose la question de la culture commune, des valeurs partagées, de l'égalité des chances.

Ce défi est celui de la démographie, des progrès de la médecine, de l'allongement de la durée de la vie, de la dépendance.

Ce défi est celui des générations futures, celui de l'avenir de nos enfants, celui de la jeunesse, celui de la transmission, celui de l'écologie, du réchauffement climatique.

Ce quadruple défi, la France jusqu'à présent, malgré les sacrifices imposés aux Français, ne s'est pas donné les moyens de le relever. Le plus étonnant est que la France malgré tout enregistre encore autant de succès, qu'elle produise encore autant de richesse, qu'elle compte encore autant sur la scène du monde. La situation actuelle de notre pays n'en apparaît que plus insupportable au regard de ce qu'il se révèle encore capable d'accomplir au milieu des innombrables difficultés dans lesquelles il se débat. La France est un pays riche qui gaspille ses ressources. Elle gaspille son capital humain dans le chômage de masse, la fuite des cerveaux, l'inactivité des jeunes, les préretraites, les 35 heures obligatoires… L'État vit au-dessus de ses moyens, la France au-dessous de ses ressources et de ses capacités. Sa croissance économique est inférieure à ce qu'elle pourrait réaliser.

La France est un pays riche qui s'appauvrit, et qui, s'appauvrissant, perd confiance en lui, désespère sa jeunesse, voit la misère s'étendre derrière la prospérité croissante de quelques-uns, sacrifie son avenir en n'investissant plus assez. Ce déclin relatif n'est pas fatal et la crise d'identité qui en est la conséquence ne l'est pas davantage. La cause n'en est pas dans ce que nous sommes. Notre histoire, notre culture, nos valeurs, notre langue, le rapport si particulier que nous entretenons avec les idées et avec la pensée, notre conception de la liberté et de l'égalité, notre conception de la nation, de l'État, du service public, du droit et même notre esprit cartésien ne sont pas des handicaps. Ce sont nos atouts.

La cause de nos difficultés n'est pas unique. Mais la crise des valeurs domine à mes yeux toutes les autres causes. Notre recul est d'abord imputable à une crise morale qui ébranle l'identité nationale, la famille, l'autorité mais aussi la fraternité qui est une valeur centrale de notre République. Cette crise se noue autour de la dévalorisation du travail. La Renaissance française passe par la France du travail. Tout redeviendra possible si le travail redevient une valeur respectée et si la France du travail se remet à espérer.

Je veux remettre le travail au centre de la politique et de la société. Je ne crois pas aux utopies économiques qui enseignent qu'on peut créer de la richesse à partir de rien. Elles ont toujours coûté cher à ceux qui se sont laissé prendre à leurs mirages. Je ne crois pas aux promesses mirobolantes d'une nouvelle économie bâtie sur la fin du travail. Rien dans le monde d'aujourd'hui ne l'annonce. Je crois que tout se mérite. Je crois à la valeur morale, civique, économique, sociale du travail. Le monde travaille davantage. La France travaille moins. Tout le problème de la France est là.

Une gauche qui a depuis longtemps rompu dans les faits, sinon dans les mots, avec la gauche de Jaurès et de Blum, une gauche qui s'est éloignée des travailleurs et qui au fond les trahit parce qu'elle ne les comprend plus, propose une société du minimum. Elle veut la société des minima sociaux, du salaire minimum, du minimum éducatif, du minimum de sécurité, du minimum de respect, du minimum d'effort, du minimum de réussite, du minimum de propriétaires, du minimum de profits, du minimum de devoirs, du minimum de travail.

Elle veut même, cette gauche qui n'est plus vraiment la gauche, le minimum de politique et le minimum de débats.

Je veux exactement l'inverse avec la société du maximum. Du maximum de salaire, du maximum de pouvoir d'achat, du maximum de culture, du maximum de sécurité, du maximum de réussite, du maximum de propriétaires, du maximum de droits et de devoirs, du maximum de respect, du maximum d'efforts et du maximum de travail.

C'est parce que je suis convaincu de la pertinence de ces valeurs que je veux réhabiliter la politique en suscitant le plus grand nombre de débats possible. J'ai voulu montrer tout au long de cette campagne présidentielle que ce ne sont pas seulement deux conceptions de la politique ou de l'économie qui s'affrontent : ce sont deux conceptions de l'homme, deux conceptions de ce qu'est la dignité de la personne humaine, deux convictions aussi de ce que la France est capable de faire, de ce que les Français sont en mesure d'accomplir.

Il ne s'agit pas de faire la morale aux Français. Ils ont consenti depuis quelques décennies assez de sacrifices et fait assez d'efforts pour n'avoir pas besoin qu'on leur fasse la leçon. Ils comptent parmi ceux qui dans le monde travaillent le mieux, avec le plus d'efficacité et de productivité. Le travailleur français, qu'il travaille dans le secteur privé ou dans le secteur public, n'est pas responsable du chômage et de l'exclusion, ni de l'endettement public, ni de la hausse des prélèvements, ni de la baisse du pouvoir d'achat. Il en est la victime. Le chômeur et l'exclu aussi.

La France n'est pas tirée vers le bas par une grande crise de paresse ou par un refus de prendre des risques. Elle est tirée vers le bas par des politiques qui ont trop souvent reposé sur une inversion des valeurs et des priorités.

Nos déficits qui paralysent l'État sont moins la cause de nos fractures sociales que nos fractures sociales ne sont la cause de l'aggravation de nos déficits. Nous payons la facture des fractures que nous n'avons jamais vraiment cherché à réduire en nous attaquant à leurs causes. Le manque à gagner pour nos finances publiques provient de la faiblesse de notre croissance économique, du chômage et de l'exclusion du marché du travail d'un trop grand nombre de Français aptes pourtant à travailler.

Les dépenses supplémentaires suscitées par la politique de l'emploi, l'aide aux chômeurs, le soutien aux exclus ; les moyens consacrés au traitement social du chômage, économiquement nécessaire et moralement indiscutable, mais qui ne résout rien ; les ressources gaspillées dans les fausses solutions comme l'embauche massive de fonctionnaires pour pallier la faiblesse des créations d'emploi dans le secteur privé, les politiques contradictoires, les subventions à fonds perdus, les mesures clientélistes ; tout cela a fatalement accru dans des proportions considérables le besoin de financement de l'État et des régimes sociaux, et alourdi en même temps les prélèvements et la dette qui n'est elle-même, quand elle ne finance pas l'investissement, rien d'autre qu'une anticipation des impôts futurs.

Cette dérive des finances publiques a augmenté le coût du travail et diminué le pouvoir d'achat des travailleurs. Ce qui a grevé la compétitivité de l'offre et freiné la demande, augmenté le chômage et ralenti la croissance avec pour conséquence encore plus de déficits, plus de prélèvements, plus de dépenses publiques improductives. Ce cercle vicieux du chômage, de la taxation du travail et de la dépense publique, dont l'origine doit être recherchée dans les politiques du début des années 1980, a été amplifié par la politique monétaire des années 1990 qui avec ses taux d'intérêt exorbitants et son cours de change surévalué a pénalisé l'investissement, rendu les produits et le travail français moins compétitifs, fait exploser le chômage et provoqué la récession. On lui doit le freinage des salaires, les déficits abyssaux et l'explosion de la dette publique. Si au début des années 1990 la France avait pratiqué la même politique monétaire que l'Angleterre, il est probable que notre dette publique ne serait pas aujourd'hui de beaucoup supérieure à la sienne. Je ne dis pas cela dans un esprit polémique. Simplement pour faire comprendre que nous ne pouvons pas nous permettre de refaire les erreurs du passé et à quel point il est urgent que nous remettions la monnaie unique au service de la croissance de la zone euro.

Au-delà du facteur monétaire, la réduction du temps de travail est venue rajouter ses effets délétères. Alors que la bonne conjoncture mondiale et surtout l'assouplissement de la politique monétaire européenne avaient, vers la fin des années 1990 et au début des années 2000, relancé la croissance et diminué le chômage, les 35 heures ont enrayé la remontée des salaires et brisé l'enchaînement vertueux de la reprise économique, tandis que les allégements massifs de charges pour compenser l'augmentation du coût du travail mettaient en place une nouvelle machine infernale à créer du déficit. La prime pour l'emploi sans cesse étendue par la suite est venue y contribuer à son tour. La généralisation de la prime pour l'emploi et les effets de seuil dus à la manière dont ont été conçus les allégements de charges ont par ailleurs tiré les salaires vers le bas et resserré l'éventail des rémunérations autour du Smic. Pourquoi l'entreprise augmenterait-elle les salaires si l'État paye à sa place ? Pourquoi augmenterait-elle les salaires si cette augmentation lui fait perdre le bénéfice des allégements de charges ?

Les 35 heures n'ont pas seulement eu pour contrepartie la stagnation des salaires. Elles ont aussi provoqué dans bien des cas la perte des heures supplémentaires qui apportaient à beaucoup de salariés un complément de salaire indispensable. À quoi cela sert-il d'avoir plus de loisirs si l'on a moins d'argent à dépenser, si les fins de mois sont plus difficiles ?

L'autre effet des 35 heures a été la désorganisation du secteur public. On ne dira jamais assez combien, en particulier, elles ont eu un effet désastreux dans les hôpitaux. Comment aurait-il pu en être autrement dès lors qu'il s'agissait d'installer de force les 35 heures en gardant constants les effectifs ?

Les 35 heures ont peut-être créé quelques emplois à court terme. Je suis convaincu qu'elles en ont détruit ou qu'elles ont empêché d'en créer beaucoup plus dans la durée.

Cet enchaînement néfaste a été encore aggravé par le recours au rationnement budgétaire pour tenter d'endiguer la dérive des finances publiques. En taillant aveuglément dans la dépense pour tenter chaque année d'afficher le déficit le plus bas possible, au prix bien souvent d'artifices qui nuisent à la sincérité des comptes, on a surtout coupé dans les dépenses les plus productives et réduit l'investissement public à la portion congrue. Pendant ce temps les dépenses courantes continuaient leur course folle. On a aussi beaucoup gaspillé en retardant des dépenses inévitables, en étalant des chantiers pour enjamber les exercices budgétaires. Cela a souvent fini par coûter beaucoup plus cher que ça n'aurait dû. Quand on repousse les dépenses d'entretien des digues du Rhône et qu'elles finissent par céder, cela coûte infiniment plus cher que les petites économies réalisées à court terme.

Mais le facteur le plus aggravant, c'est que dans notre pays la charge de l'impôt et le financement de la protection sociale portent principalement sur le travail. Pour presque tout, on fait payer le travail. C'est le travail qui supporte la facture de toutes les erreurs de la politique économique. Plus la facture s'alourdit, plus le coût du travail augmente, plus il y a de destruction d'emplois et plus la facture s'alourdit encore.

Cet effet autodestructeur de la surtaxation du travail est devenu suicidaire dans le contexte d'une économie mondialisée où le travail français est mis en concurrence directe avec le travail de pays en développement où le niveau de vie est beaucoup plus bas, la protection sociale inexistante et la monnaie en général sous-évaluée. Chaque année, la Chine et l'Inde font entrer sur le marché du travail mondial plus de 20 millions de travailleurs à bas salaires qui tirent le prix mondial du travail vers le bas. Un enchaînement dépressif sur les salaires et sur l'emploi s'est ainsi installé, amplifié par l'augmentation des charges pesant sur le travail.

Le travail est devenu la variable d'ajustement de notre économie au lieu d'en être le ressort. Nous vivons dans une société où le pouvoir d'achat des salaires est rogné par la hausse des prix. Entre la concurrence des pays à bas salaires et nos erreurs de politiques économiques, c'est le travail qui a encaissé tous les chocs. Pendant que le monde entier cherchait à relever le défi de la mondialisation en travaillant plus et en investissant plus, nous n'avons été capables que de dévaloriser le travail. Le travail est devenu de plus en plus précaire. Les travailleurs pauvres de plus en plus nombreux. Les conditions de travail de plus en plus dégradées. Le prix Nobel d'économie Edmund Phelps relève que la France est désormais l'un des pays où les travailleurs s'épanouissent le moins dans leur travail. Nous avons perverti notre modèle social au point qu'au lieu de protéger il est devenu une cause d'insécurité et de souffrance. On finit par comprendre le peu d'empressement des autres pays à nous l'emprunter !

La revalorisation du travail est la clé du retour au dynamisme et à la croissance. Il y a dans l'histoire beaucoup d'exemples de sortie rapide du marasme. On a bien vu en 1958 la France sortir en quelques mois d'une crise politique, morale, financière qui paraissait inextricable. Mais pour que cela se produise il faut que le cercle vicieux devienne vertueux. Il faut remplacer l'engrenage de la destruction d'emplois par celui de la création d'emplois. Il faut que le processus de la dépression se change en processus de croissance. Dès lors que le travail sera redevenu une valeur positive, que le pouvoir d'achat augmentera, que la création d'emplois repartira, que chacun se mettra à travailler plus, tous les effets positifs s'entraîneront les uns les autres, se cumuleront, s'amplifieront et enclencheront une croissance généralisée qui se nourrira de sa propre dynamique.

Il manque à la France un point de croissance par an pour résoudre tous ses problèmes et reprendre confiance dans l'avenir. Ce point de croissance, nos grands concurrents à travers le monde l'ont. Il ne faut pas attendre qu'il nous vienne des autres. Nous ne pouvons pas nous contenter de vivre au gré des allers-retours d'une conjoncture internationale sur laquelle nous ne pouvons rien. La croissance, nous devons aller la chercher en nous-mêmes. Nous devons la fabriquer à partir de notre énergie, de notre imagination, de notre travail. C'est le rôle de la politique de servir de catalyseur, de force d'entraînement à l'énergie, à l'imagination, au travail des Français. C'est l'objectif que je me fixe.

Coincé entre une dette publique monumentale, l'explosion prévisible du besoin de financement des retraites dû au vieillissement de la population et la pression de la mondialisation qui empêche d'alourdir la taxation du capital et du travail, l'État est-il pour autant condamné à l'impuissance ?

Nous ne pouvons pas continuer à laisser tourner la machine infernale de la dette qui alourdit les déficits avec le poids de ses intérêts et met l'État à la merci d'une hausse brutale des taux. Mais comment dépenser moins pour retrouver des marges de manœuvre quand la désintégration sociale oblige à toujours plus de redistribution ? Quand le retard d'investissement est si grand ? Comment imposer une cure d'austérité pour regagner de l'avantage concurrentiel quand l'austérité salariale dure depuis vingt-cinq ans ? Comment demander encore des sacrifices à des Français qui en consentent pour rien ou presque depuis vingt-cinq ans ? Le ferait-on que l'on aggraverait la situation au lieu de l'améliorer. Une politique de sacrifices qui démoraliserait un peu plus les Français, qui mettrait dangereusement à mal la cohésion sociale, qui sacrifierait davantage encore les dépenses d'avenir, tirerait l'économie vers le bas, empêcherait la croissance de repartir.

\* \*

\*

Il faut se garder d'abord des fausses solutions qui ne font qu'aggraver les problèmes au lieu de les résoudre.

On ne sortira pas la France du marasme en changeant une fois encore de Constitution. En 1958, le vice était dans les institutions. La IV$^e$ République était le régime de l'instabilité et de l'impuissance, où les gouvernements changeaient tous les deux ou trois mois au gré des combinaisons partisanes. En instaurant la V$^e$ République, le général de Gaulle a une deuxième fois sauvé la République, qui se trouvait à l'époque, il faut s'en souvenir, au bord de la guerre civile et de la faillite. Depuis lors, la Constitution de la V$^e$ République a permis à la France d'être gouvernée en toutes circonstances. Peut-être un jour faudra-t-il tirer toutes les conséquences du quinquennat sur l'équilibre des pouvoirs. Mais il faudra plus de recul et en tout état de cause, ce n'est pas en revenant à l'impuissance de la IV$^e$ République sous couvert de faire la VI$^e$ que l'on améliorera les choses.

Je suis convaincu que nous devons changer nos comportements, nos politiques, mais je suis hostile à un bouleversement institutionnel qui serait la porte ouverte à l'aventure dans un moment où la France a surtout besoin d'un cap et d'une politique qui s'inscrive dans la durée.

Les difficultés dans lesquelles se débat notre pays ne sont pas dues à une défaillance institutionnelle mais à une défaillance intellectuelle et morale. Privilégier la réforme institutionnelle c'est, à mes yeux, se tromper totalement sur le diagnostic et sur le remède, et c'est tromper les Français.

C'est la raison pour laquelle, par ailleurs, je souhaite rester à l'écart de ce mouvement qui porte tant de candidats à proposer d'inscrire toutes les promesses électorales dans la Constitution pour tenter de faire croire qu'ainsi elles seront tenues.

La défiance suscitée vis-à-vis de la politique par la trahison des engagements ne sera pas résolue par la constitutionnalisation des promesses qui ferait des juges les garants de la sincérité des hommes politiques.

Ce n'est pas en abaissant la politique qu'on lui rendra sa capacité à inspirer confiance. La confiance reviendra avec la sincérité, l'honnêteté et la parole tenue. Ce sont des valeurs auxquelles je crois et que je veux faire partager à tous les Français. La Constitution n'a rien à y voir. Elle ne doit pas servir de roue de secours à ceux qui ne se sentent pas assez sûrs de leurs valeurs.

Il ne faut pas bouleverser la Constitution mais il faut gouverner autrement. Il faut que le Parlement joue plus pleinement son rôle. Il faut, comme le disait Georges

Pompidou, que le président de la République, responsable devant la nation, gouverne. Il faut que le critère de la compétence l'emporte partout sur celui de la connivence et que les nominations les plus importantes soient soumises au contrôle et à l'approbation du Parlement. Il faut aussi que le gouvernement redevienne plus collégial et cesse d'être une addition de porte-parole de féodalités administratives qui renoncent à décider ensemble et abandonnent le pouvoir aux cabinets ministériels et à la technocratie. Pour être plus collégial, le gouvernement doit être plus resserré. Il faut moins de ministres, plus puissants face aux bureaucraties et capables de rendre des arbitrages politiques. Il faut que les structures ministérielles soient stabilisées, qu'elles ne changent pas sans arrêt comme c'est le cas aujourd'hui. Il faut aussi qu'elles soient adaptées aux grands défis du XXI$^e$ siècle. Ces grands défis nous obligent à mettre au cœur de la politique la vie, l'intelligence et le savoir, la mondialisation de la production et des échanges, le développement durable, la cohésion sociale, l'intégration et l'identité nationale. C'est autour de ces priorités que devront s'organiser les regroupements ministériels qui permettront de gouverner autrement en privilégiant les choix politiques, en donnant une réalité à la politique de civilisation que j'appelle de mes vœux, avec un plus grand souci de cohérence et de rigueur.

Je suis convaincu aussi, après y avoir longuement réfléchi à partir de mes propres expériences, que le ministère des Finances n'a pas vocation à s'occuper du développement économique et qu'il doit se concentrer sur le budget et sur les comptes publics. Le ministère des Finances doit devenir le ministère des comptes, de tous les comptes, ceux de l'État comme les comptes sociaux ou ceux des collectivités territoriales. Au sein du gouvernement, le ministre des Finances doit remplir le rôle que remplit le directeur financier de toute entreprise au sein de sa direction générale.

Mais le redressement des comptes publics ne sera pas que le résultat de l'action du ministère des Finances. Le déficit est une conséquence de toutes les politiques publiques et de tous les dysfonctionnements de l'État et de la société. La lutte contre les déficits c'est l'affaire de tous. Il faut bien sûr pourchasser la fraude qui est gigantesque et qui démoralise ceux qui remplissent honnêtement leurs devoirs de citoyens. Mais surtout, il faut réformer l'État. C'est l'évaluation de l'efficacité des politiques publiques et des dépenses qui permettra de supprimer des dépenses inutiles et de retrouver des marges de manœuvre. On ne peut pas espérer réduire significativement le nombre des fonctionnaires des impôts et de la comptabilité publique si la politique fiscale rend toujours plus compliqué notre code des impôts qui est déjà l'un des plus compliqués du monde. On ne peut pas réduire le nombre de fonctionnaires qui gèrent les aides aux entreprises si la politique d'aides aux entreprises est une usine à gaz. On ne peut pas tailler dans les subventions sans avoir évalué celles qui remplissent leurs objectifs et celles qui ne servent à rien. L'évaluation, c'est la logique du résultat qui remplace la logique des moyens. C'est une révolution des mentalités qui se heurte encore à la résistance farouche des féodalités et aux corporatismes qui n'acceptent de se soumettre qu'à l'auto-évaluation.

Si je suis élu, je placerai cette révolution au cœur de la réforme de l'État, parce que nul n'a le droit de gaspiller l'argent prélevé sur le travail des Français, parce que chacun doit rendre des comptes sur l'efficacité de son action. Sinon c'est la légitimité même de l'impôt et de la solidarité nationale qui se trouve remise en cause.

Reste bien sûr que lorsque les administrations sont confrontées aux difficultés innombrables d'une société et d'une économie qui vont mal, elles peinent à faire face à la demande sociale, les coûts de fonctionnement s'alourdissent, et les dysfonctionnements se multiplient. Il faut donc se battre en même temps sur les deux fronts de la réforme administrative et de la réforme économique et sociale. Pour dire la vérité, il faut investir dans la réforme, car la réforme peut rapporter beaucoup même si parfois elle coûte cher au départ.

La réforme de l'enseignement supérieur et de la recherche est vitale. Je suis de ceux qui pensent qu'elle ne peut plus attendre. Mais elle ne peut être réussie que si on lui consacre d'emblée des moyens importants. C'est un investissement dont le pays et, au bout du compte, les finances publiques peuvent attendre un rendement très élevé. Ne pas consentir cette dépense entraînerait sur le long terme une perte incalculable en compromettant la croissance future.

Trop longtemps on a considéré que les économies feraient les réformes grâce à la pression qu'exercerait la pénurie budgétaire. Cette stratégie a échoué. Elle est devenue l'alibi de tous les conservatismes et de toutes les impuissances.

La vérité, c'est que dans bien des cas c'est l'investissement dans la réforme qui fera les économies et la croissance, et non l'inverse. Je parie sur une politique d'investissement et de réforme pour permettre à la France de regagner la croissance économique qui lui fait défaut et qui lui permettra de résorber ses fractures sociales et de faire disparaître ses déficits.

Je suis convaincu que dépenser pour réduire le nombre d'élèves dans les classes des quartiers où se cumulent tous les handicaps sociaux, pour faire faire les devoirs en étude surveillée aux orphelins de 16 heures dont les parents travaillent, pour construire des internats d'excellence destinés aux bons élèves des milieux modestes qui ne peuvent pas étudier chez eux, ou pour créer des écoles de la deuxième chance dans tous les départements, conduira *in fine* à la réduction des déficits et non à leur aggravation.

Je suis convaincu qu'un plan Marshall, pour offrir à tous les jeunes des quartiers en difficulté une formation qualifiante débouchant sur un emploi comme je l'ai proposé, est un investissement qui rapportera plus qu'il ne coûtera, parce que le chômage des jeunes est un terrible gâchis.

Le débat sur les finances publiques est souvent obscurci par le fait qu'il est plus facile de mesurer la dépense que le retour sur investissement parce que le coût des maux qui accablent la société est trop diffus pour être aisément identifiable ou parce que tout simplement il est délibérément ignoré.

Il est difficile de chiffrer le coût de la déscolarisation de plus en plus précoce d'un nombre de plus en plus grand d'enfants, comme il est difficile de chiffrer le coût de la pollution, du stress, de la solitude, des encombrements, de la dégradation des conditions de travail ou des accidents de la route. Mais lorsque l'on se penche sur les évaluations qui en sont faites, malgré les grandes incertitudes qui les affectent, on est pris de vertige devant l'immensité du gaspillage.

S'attaquer à ces problèmes qui sont graves et urgents, c'est comme financer la recherche ou la création d'entreprises : c'est investir et non jeter l'argent par les fenêtres.

La France souffre d'avoir accumulé depuis vingt-cinq ans un énorme retard d'investissement.

Je veux une politique budgétaire qui respecte la règle de bon sens selon laquelle seules les dépenses d'investissement peuvent être financées par l'emprunt. Mais je veux que le classement d'une dépense en investissement procède d'une analyse économique et non d'une nomenclature administrative et comptable.

Je veux que ce soit l'un des objets de la discussion au Parlement de la loi de finances que de savoir si une dépense est une dépense d'investissement dont on peut attendre un retour, ou une dépense de consommation qui doit être financée par l'impôt d'aujourd'hui parce qu'elle ne rapportera rien demain. Cette approche n'est pas contradictoire avec la volonté de maîtriser la dépense publique et de réduire les déficits. Elle en est, au contraire, la condition, car elle permettra de dépenser mieux.

Il ne suffit pas de sauter sur sa chaise en criant « La dette ! La dette ! » La vraie rigueur est celle qui conduit à avoir le courage de tailler dans les dépenses inutiles et de choisir des priorités.

Pour faire redémarrer la France, pour rembourser la dette publique, pour pouvoir dans le futur payer les retraites, nous avons besoin de travailler davantage, non d'imposer aux Français une politique de privations. Nous avons besoin non d'une politique de sacrifices, mais d'une politique d'effort.

C'est le travail qui crée le travail. C'est le travail qui crée la richesse, le bien-être, le sentiment de l'utilité sociale, l'estime de soi. On ne sortira par le haut de la crise française qu'en revalorisant le travail.

Je suis convaincu que la revalorisation du travail est la clé de notre avenir. Je veux en faire la priorité et le critère de toutes nos politiques publiques. Ce n'est pas seulement un problème technique, un problème économique, c'est aussi, c'est d'abord un problème moral, un problème de valeur, un problème humain et social, et même, au final, une question de civilisation.

La politique que je propose est d'abord un choix moral. Le principe de ma politique c'est la récompense de l'effort, du mérite, du risque, c'est les moyens donnés à tous les talents pour s'épanouir, c'est l'égalité des chances, c'est la possibilité pour celui qui a échoué de recommencer.

Les leviers de cette politique sont dans les salaires, dans la fiscalité, dans le budget, dans la monnaie, dans les conditions de travail, mais aussi dans la protection sociale, dans l'école, dans la formation... Mais elle doit commencer par un pacte de confiance entre le monde du travail et la nation.

*       *

*

À la fin des années 1970, après une longue période d'inflation où le pouvoir d'achat des salaires avait augmenté beaucoup plus vite que le revenu national, de sorte que la rentabilité du capital et l'autofinancement des entreprises étaient devenus insuffisants, Raymond Barre avait courageusement entrepris une politique visant à déconnecter l'évolution des salaires et des prix. Cette politique avait pour but d'enrayer la spirale prix-salaires et de rétablir un partage de la richesse produite plus favorable aux entreprises. Mis à part la parenthèse de la grande gabegie de 1981-1982 et la reprise des années 1997-2001, cette politique de rigueur salariale s'est poursuivie jusqu'à aujourd'hui, bien au-delà de ce qui était nécessaire. Alors que toute l'économie est indexée, alors que tous les prix et tous les tarifs se sont ajustés à la hausse au moment du passage à l'euro, seuls les salaires en dehors du salaire minimum sont restés désindexés, et toute l'économie a eu tendance à s'ajuster sur leur dos. Sur vingt-cinq ans, l'augmentation des prix a fait baisser le niveau de vie des salariés, malgré la hausse apparente des salaires. Cette érosion du pouvoir d'achat des salaires a été masquée dans les statistiques par la hausse du niveau des qualifications et par la difficulté de mesurer l'évolution du coût de la vie à partir de l'indice des prix à la consommation lorsque tous les prix n'évoluent pas de la même manière, lorsque certains baissent alors que tous les autres augmentent. Les Français perçoivent bien cet écart entre la statistique qui affirme que le pouvoir d'achat augmente et l'expérience de la vie quotidienne qui prouve le contraire.

Aujourd'hui, les clauses d'indexation font l'objet d'une interdiction assortie d'une multitude de dérogations. Je propose qu'en la matière la liberté contractuelle soit rétablie et que dans chaque branche, dans chaque entreprise, en fonction de la situation économique, des clauses d'indexation puissent être librement négociées. Il n'est pas normal qu'aujourd'hui la loi autorise les clauses d'indexation pour les obligations que l'État émet pour financer sa dette ou pour les loyers, et qu'elles soient interdites pour les salaires à l'exception du Smic. Si je suis élu je ferai abroger l'ordonnance de 1959 qui pose le principe général de l'interdiction des clauses d'indexation.

Mais le but de la politique que je propose n'est pas de maintenir stable le pouvoir d'achat, il est de l'augmenter. Le but est que demain soit mieux qu'aujourd'hui et que les enfants aient une vie meilleure que leurs parents. Le but, ce n'est pas la stagnation mais le progrès. Le but, ce n'est pas le minimum, mais le maximum.

*     *

*

Pour que les salaires augmentent il faut contrecarrer les effets déflationnistes de la concurrence des pays à bas salaires et à monnaie sous-évaluée. C'est la raison pour laquelle la surévaluation de l'euro doit être combattue. Surévaluer l'euro, c'est déprécier le travail européen. Pour compenser le renchérissement de la monnaie, les entreprises sont obligées de comprimer leurs coûts salariaux. La monnaie devrait servir à amortir les chocs au lieu de les amplifier. La politique monétaire devrait avoir pour but d'atténuer les effets des politiques de dépréciation compétitive de nos concurrents plutôt que de les accentuer. Même si je veux affirmer qu'une bonne politique monétaire ne dispensera en aucun cas la France de la nécessité de la réforme et de l'effort, je n'accepte pas que les efforts des travailleurs pour être plus productifs soient amortis par la surévaluation du change Je n'accepte pas que l'euro, au lieu de contribuer à soutenir notre industrie, contribue à la détruire. Il suffit de tourner son regard vers Airbus pour mesurer à quel point une mauvaise politique monétaire peut battre en brèche le travail et le savoir-faire de plusieurs générations pour construire un magnifique outil industriel. Infléchir le cours de la politique de l'euro sera l'une des priorités de ma politique européenne si je suis élu.

Les distorsions monétaires qui faussent gravement aujourd'hui les rapports d'échange dans l'économie globale ne seront pas toutes corrigées par une politique de l'euro plus offensive. Il faudra aussi négocier un réajustement des parités de change avec les pays qui pratiquent délibérément le dumping monétaire en vendant leurs produits moins cher grâce à une monnaie dépréciée. L'Europe aurait dû se trouver aux côtés des États-Unis pour négocier avec la Chine une réévaluation de sa monnaie. Il est vital que dans l'avenir elle s'engage sans réserve dans ce combat. Encore faut-il pour cela non seulement qu'elle en ait la volonté, mais aussi qu'elle s'en donne les moyens grâce à l'instauration d'une préférence communautaire qui pourrait être mise dans la balance des négociations, comme savent si bien le faire les Américains.

*  *

*

Mais au-delà de la politique monétaire, le défi de la mondialisation nous oblige à réfléchir sur nos prélèvements obligatoires. Il est indispensable de les réduire, ne serait-ce que pour nous rapprocher de la moyenne européenne. Nous y parviendrons en réduisant nos dépenses inutiles, en cessant de gaspiller l'argent public. Nous y parviendrons surtout en diminuant le poids de nos dépenses sociales grâce à la reprise de la croissance et de l'emploi.

La réforme de notre système de prélèvements obligatoires peut y contribuer fortement. Elle créera l'incitation à produire et la compétitivité dont notre économie a besoin face à une concurrence internationale de plus en plus dure. J'ai le devoir de vous dire la vérité : dans le monde tel qu'il est, si nous continuons à trop taxer le travail et le capital, ils s'en iront. Les seules choses que nous pouvons taxer sans craindre leur délocalisation, ce sont la pollution et la consommation.

Face à la mondialisation, pour contrer l'effet déflationniste sur la rémunération du travail de la concurrence des pays à bas salaires et pour faire obstacle aux délocalisations, il n'y a pas d'autre choix que de taxer moins le travailleur et l'épargnant, et de taxer davantage le pollueur et le consommateur. C'est mon devoir de dire aux Français cette vérité que, dans l'économie globale, surévaluer la monnaie, taxer trop le travail et le capital est une politique suicidaire. Elle contribue à la diminution du pouvoir d'achat des salaires, à la persistance du chômage, à l'exclusion. Elle condamne notre industrie à ne pas pouvoir soutenir la concurrence des pays émergents. Elle creuse les déficits, appauvrit l'État et le service public.

Au point où nous en sommes de la crise française, nous devons savoir ce que nous voulons collectivement. Je propose que les produits des pays qui ne respectent aucune norme environnementale soient taxés en fonction de la pollution que génèrent leur fabrication et même leur transport. On pourrait imaginer une taxe sur le contenu en carbone des importations. On peut aussi être plus ambitieux et mettre en place toute une fiscalité antipollution avec la création d'un impôt qui frapperait les importations et les productions nationales mais serait déductible à l'exportation. En même temps, la production et la consommation de produits écologiques seraient encouragées par la baisse de leur taux de TVA. Si vous me faites confiance, je proposerai dès mon entrée en fonction à nos partenaires européens d'ouvrir ce dossier, à mes yeux essentiel, de la fiscalité écologique.

Après y avoir beaucoup réfléchi et avoir étudié l'expérience du Danemark et celle plus récente de l'Allemagne, je suis convaincu qu'il faut expérimenter le transfert d'une partie des cotisations sociales sur la TVA, parce que ce système permet d'exonérer les exportations du financement de la protection sociale et de taxer les importations. C'est le contraire du système actuel de financement de la protection sociale qui, en taxant le travail, obère la compétitivité des exportations, augmente le prix des produits français par rapport au prix des produits importés, déprécie la rémunération du travail et contribue à faire de l'emploi une variable d'ajustement de l'économie. Le temps de l'expérimentation est venu. Il n'a que trop tardé. Nos amis allemands nous montrent en ce moment même tout l'intérêt de cette approche.

Le financement de la protection sociale par l'impôt sur les ventes, que l'on appelle parfois un peu bizarrement la « TVA sociale », présente beaucoup d'avantages dans le contexte de l'économie globale. C'est un moyen pour lutter contre les délocalisations, pour créer de l'emploi, pour faire augmenter le pouvoir d'achat. En renchérissant le prix des produits importés, il diminue l'incitation du consommateur à acheter les produits bon marché des pays à bas salaires plutôt que les produits fabriqués en France avec un coût du travail plus élevé. Le consommateur, qui recherche d'autant plus le meilleur marché que son pouvoir d'achat est faible, est ainsi incité à participer à la destruction de son emploi et de sa protection sociale. En taxant les importations et en exonérant les exportations, le basculement d'une partie des cotisations sociales sur la TVA a le même effet qu'une dévaluation, ce qui permet d'atténuer la surévaluation de l'euro et de doper la compétitivité. En allégeant la charge fixe qui pèse sur le travail, il permet d'amortir les fluctuations de l'emploi quand la conjoncture se dégrade. En diminuant le coût du travail, il favorise les entreprises qui emploient relativement plus de main-d'œuvre, sans pénaliser pour autant la compétitivité des entreprises à forte valeur ajoutée par rapport à leurs concurrents étrangers. L'assiette de la TVA étant plus large que celle des cotisations sociales, environ un tiers de la baisse des cotisations pourrait être réalloué à l'augmentation du pouvoir d'achat. Ce qui contribuerait à la revalorisation des salaires.

Cela fera-t-il augmenter les prix ? C'est une question que je n'évoque pas à la légère car nos prix sont déjà très élevés et c'est pour cela que l'expérimentation est utile. Il y aura augmentation des prix s'agissant des produits importés, ce qui est l'un des buts recherchés, mais c'est peu probable pour les autres puisque la baisse des cotisations compensera dans le prix de revient la hausse de la TVA. En moyenne les prix des produits fabriqués en France devraient rester stables, compte tenu de la pression de la concurrence. L'expérience allemande est, de ce point de vue, encourageante.

Mais je comprends que le risque d'une hausse des prix qui rognerait le pouvoir d'achat inquiète les salariés et les retraités, tellement habitués à être trompés et à servir de variables d'ajustement. Pour éviter toute crainte de ce genre, je vous propose qu'avec l'accord des partenaires sociaux, toute avancée dans le sens de la TVA sociale s'accompagne d'un grand rendez-vous social à la fin de chacune des deux années suivantes. Ce rendez-vous prendrait la forme d'une conférence salariale qui aurait pour mission d'examiner l'évolution du pouvoir d'achat des salaires et des retraites et de compenser l'éventuelle perte qui pourrait être imputable à la TVA sociale. De la sorte, les salariés et les retraités auront l'assurance de ne pas être une fois de plus les victimes d'une manœuvre qui aurait comme d'habitude pour seule finalité de les faire payer pour tous les autres. Car, j'en ai la conviction, rien ne peut réussir sans la confiance des travailleurs. Et cette confiance est aujourd'hui ébranlée.

La TVA sociale sera-t-elle injuste ? Je ne le crois pas. Elle ne le sera en tout cas pas davantage que les cotisations sociales que l'entreprise répercute sur les salariés. La hausse de la TVA favorisera-t-elle le travail au noir ? Je ne vois pas pourquoi elle inciterait plus à la fraude que les cotisations sociales auxquelles elle se substituera.

Si l'expérimentation se révèle concluante, le report de charges sur la TVA devra s'effectuer progressivement, par le biais des franchises de charges sur tous les salaires. Je souhaite proposer à nos partenaires européens de s'engager sur la voie de cette expérimentation où l'Allemagne vient de nous précéder. Ce serait un bon moyen, avec la taxation écologique des importations à l'échelle européenne, d'esquisser une forme de préférence communautaire. Cela permettrait de consolider le modèle social européen sans céder à la tentation du protectionnisme. La France a inventé jadis la TVA qui a été peu à peu adoptée par l'ensemble des pays européens. Mon objectif est qu'il en soit de même un jour pour la TVA sociale. Celle-ci nous amènera forcément à réfléchir à l'organisation de notre protection sociale. Elle nous obligera à progresser vers le décloisonnement de la protection sociale, à mettre tous les Français à égalité devant l'assurance-maladie et la retraite, à prendre aussi mieux en compte, à l'intérieur d'un système de protection qui couvre tous les Français, la mobilité, la pluriactivité et l'alternance de périodes de travail, de chômage, de formation. La réforme de nos régimes spéciaux de retraite que je souhaite engager s'inscrit bien pour moi dans cette perspective, tout comme la remise à plat – qu'elle permettra de financer – des critères de pénibilité et la remise à niveau des retraites des agriculteurs, des commerçants, des artisans et des pensions de réversion.

La TVA sociale, ce ne serait pas seulement un nouveau mode de financement de la protection sociale, ce serait aussi un levier du changement, une incitation à modifier nos comportements économiques et notre organisation sociale pour relever le défi de la mondialisation. C'est pourquoi je veux l'expérimenter. Au-delà du cas particulier de la TVA sociale, ce qui compte c'est de taxer le moins possible l'homme au travail et la production. Il faut taxer la richesse produite et non la production de richesse. Lorsque l'on décourage la création de richesse, on a moins à redistribuer.

L'une des clés de notre insertion réussie dans l'économie globale est dans une vaste réforme de nos prélèvements obligatoires qui doit sans doute être gérée dans la durée, mais qui est absolument vitale. Nous avons déjà pris sur cette réforme un retard que nous payons cher en termes d'emploi, de croissance et de pouvoir d'achat. Cette réforme est la condition pour rendre compatibles la protection et la compétitivité. Renoncer à la compétitivité nous appauvrirait. Renoncer à la protection obérerait l'ouverture de notre économie parce que la peur du risque deviendrait trop forte. Il faut nous fixer pour objectif que toute baisse des prélèvements bénéficie en priorité au travail. Si véritablement la revalorisation du travail est le critère de toutes nos politiques, si l'on est vraiment convaincu que la France ne s'en sortira que par le travail, ne retrouvera sa prospérité que par le travail, ne retrouvera sa cohésion que par le travail, ne résorbera ses déficits que par le travail, alors il faut tout faire pour accroître la productivité et pour réduire la différence entre le coût du travail et le pouvoir d'achat du salarié, ce que les économistes appellent le « coin social et fiscal ». Car c'est la seule façon de rendre le travail plus compétitif par rapport à la concurrence internationale tout en augmentant le niveau de vie des travailleurs.

L'autre option qui consiste à essayer de gagner en compétitivité en diminuant le niveau de vie des travailleurs, c'est-à-dire la rémunération réelle du travail, est une impasse : on ne peut pas aligner le niveau de vie des travailleurs français sur celui des travailleurs chinois ou indiens. Revaloriser le travail, c'est tourner le dos à une société dans laquelle l'assistanat paie davantage que le travail, et dans laquelle un tout petit nombre accapare le fruit des efforts de tous. Dans cette perspective, la question du pouvoir d'achat est centrale. Les travailleurs pauvres et l'angoisse du déclassement qui étreint une bonne partie de ce que l'on appelle les classes moyennes sont là pour nous le rappeler sans cesse.

\* \*

\*

Tout doit être fait pour inciter au travail. Tout doit être fait pour que le travail et l'effort deviennent les gages d'une véritable promotion sociale.

Si je suis élu, je ferai en sorte que le départ à la retraite soit un choix et non plus une obligation. Je permettrai que le retraité qui veut travailler puisse le faire librement, sans aucune restriction.

J'instaurerai une allocation pour tous les jeunes à partir de dix-huit ans, à condition qu'ils suivent une formation et qu'ils y soient assidus. Je créerai un prêt à taux zéro remboursable sur leur salaire futur pour qu'il puisse financer un projet de formation ou une création d'activité. Je veillerai à ce que tout soit fait pour permettre d'étudier et d'exercer un petit travail salarié qui sera défiscalisé et grâce auquel chaque étudiant pourra atteindre sa pleine autonomie financière et devenir entièrement responsable de lui-même. J'ouvrirai avec les partenaires sociaux le grand chantier de la remise à plat des aides aux personnes pour en finir avec les trappes à pauvreté et à inactivité, pour sortir du cloisonnement, de la complexité, de l'opacité et des incohérences du système actuel qui contribuent dans bien des cas à accroître l'exclusion au lieu de la combattre.

Je ferai en sorte que plus aucun revenu d'assistance ne puisse être supérieur au revenu du travail et que plus aucun revenu d'assistance ne soit versé sans que soit effectuée en contrepartie, pour ceux qui le peuvent, une activité d'intérêt général qui leur conserve le sentiment de leur utilité sociale.

Dans le même esprit, la prime pour l'emploi doit cesser d'être un complément de rémunération pour un nombre de plus en plus grand de bénéficiaires qui tire les salaires vers le bas et contribue à resserrer l'éventail des rémunérations autour du salaire minimum. Elle doit être rendue à sa vocation initiale d'incitation à la reprise d'emploi. Huit millions de bénéficiaires ! Cela signifie que l'on ne veut pas choisir et qu'une fois de plus on saupoudre en pure perte.

Les effets de seuil induits par les allégements de charges sur le travail doivent être effacés. Ils poussent les entreprises à ne pas augmenter les salaires pour pouvoir bénéficier des exonérations. Ils contribuent ainsi massivement à la dépression salariale. Je suis favorable à ce qu'un système de franchises négociées avec les partenaires sociaux remplace progressivement celui des seuils.

L'intéressement et la participation doivent constituer pour le salarié qui a contribué à la réussite de l'entreprise du pouvoir d'achat supplémentaire disponible immédiatement s'il le souhaite.

Les stock-options ou les actions gratuites, qui sont une autre forme de motivation et de récompense, ne doivent pas être réservées seulement à quelques-uns. Puisque tous les salariés contribuent au succès de l'entreprise, tous doivent y avoir droit.

Exonérer de droits de succession le fruit d'une vie de labeur, alors que l'on a déjà payé toute sa vie des impôts et des taxes sur les revenus de son travail, c'est reconnaître la valeur de l'effort et c'est encourager le travailleur à travailler davantage pour laisser plus à ses enfants.

Poser le principe que nul ne peut se voir confisquer plus de 50 % de son revenu par l'impôt direct, y compris la CSG et la CRDS, c'est aussi encourager le travail et la réussite. C'est mettre un terme à une fiscalité confiscatoire qui fait fuir les talents, ceux qui créent, ceux qui entreprennent, qui fait fuir les capitaux et avec eux l'épargne, les investissements, l'esprit d'entreprise et les emplois.

Ce que je vous propose, c'est de sortir de la logique du partage et de la rareté pour renouer avec celle de la création et de la croissance. Celui qui veut travailler plus doit pouvoir le faire, il doit même y être encouragé au contraire de la logique des 35 heures. C'est pourquoi je souhaite que les heures supplémentaires soient majorées d'au moins 25 % et exonérées de cotisations sociales et d'impôts. Celui qui voudra se contenter des 35 heures parce qu'il privilégie sa vie hors de son activité professionnelle sera libre de s'en tenir là. Celui qui se dira qu'il ne lui sert à rien d'avoir davantage de vacances s'il n'a pas les moyens de payer des vacances à ses enfants, ou qui se trouve à un moment de sa vie où il a besoin d'argent, celui-là pourra travailler plus pour gagner plus.

Ce sera une grande révolution dans les comportements. Ce sera la liberté du choix et la récompense de l'effort. Ce sera la durée légale du travail fixée comme un minimum et non plus imposée comme un maximum. Ce sera pour les bas salaires la possibilité d'augmenter significativement leur pouvoir d'achat. Cette révolution des comportements induira une révolution sociale et une révolution économique. Ce surcroît de travail des uns ne confisquera pas le travail des autres. Au contraire. Ce sera plus de pouvoir d'achat et plus de consommation, plus de débouchés pour les entreprises et plus d'activité. Ce sera plus d'emplois et plus de recettes dans les caisses de l'État.

La politique que je propose n'est ni une politique de l'offre, ni une politique de la demande. C'est une politique tout à la fois de l'offre et de la demande, parce que la crise que nous vivons est en même temps une crise de l'offre et une crise de la demande, une crise due à une insuffisance de productivité, de compétitivité, d'incitation à produire, et une crise due à l'insuffisance du pouvoir d'achat et des débouchés. La dévalorisation du travail est en même temps un facteur de crise de l'offre et de crise de la demande. Opposer les deux dans d'interminables querelles d'experts serait stérile.

* *
*

Dans la dévalorisation du travail, il ne faut pas négliger l'importance de la dégradation des conditions de travail et l'angoisse de l'avenir. La première cause en est l'intensification de la concurrence, surtout de la concurrence déloyale. La course effrénée à la productivité pour compenser les dumpings monétaires, fiscaux, sociaux, écologiques est vaine et destructrice. La menace de la délocalisation est angoissante. Si l'on veut faire reculer le mal-être au travail, si l'on veut combattre le stress, la démoralisation, la dépression qui deviennent des réalités de plus en plus visibles dans le monde du travail et qui ont parfois des conséquences dramatiques qui peuvent aller jusqu'au suicide, il faut faire baisser d'abord la pression de la concurrence déloyale.

C'est bien pourquoi il est nécessaire d'instaurer une fiscalité écologique sur les importations, d'expérimenter la TVA sociale, de poser la question de la surévaluation de l'euro, de promouvoir une véritable préférence communautaire qui permettra à l'Europe de faire valoir des principes d'équité face à une concurrence trop déloyale dont les effets économiques et sociaux seraient désastreux. On ne le répétera jamais assez : les Américains savent se donner les moyens de négocier, pourquoi l'Europe ne le pourrait-elle pas ?

Mais il faut aussi chercher l'origine du mal de vivre au travail dans les dérives d'un capitalisme financier où la spéculation a tendance à devenir plus importante que la production, où le prédateur a tendance à l'emporter sur l'entrepreneur, où l'exigence de rentabilité devient si élevée qu'elle ne peut plus être satisfaite sans sacrifier le long terme au très court terme. Il serait vain de vouloir combattre cette logique destructrice à la seule échelle nationale. C'est la raison pour laquelle j'ai proposé que l'Europe s'engage dans ce combat. Je souhaite que la question de l'évasion fiscale, celle des parachutes en or et celle de la réglementation des OPA hostiles qui sont souvent étrangères à toute logique économique et qui déstabilisent les entreprises, soient posées à l'échelle de la zone euro. Et si je suis élu j'exigerai pour les entreprises installées en France une plus grande transparence et une plus grande implication de l'assemblée générale des actionnaires dans la fixation des rémunérations des dirigeants.

Rien ne m'est plus étranger que le laisser-faire. Je crois à la force créatrice du marché mais je ne crois pas qu'il ait toujours raison.

Si je suis élu, je souhaite que le risque soit mutualisé, qu'une caution publique soit apportée aux projets de ceux qui sont exclus par le libre jeu du marché parce qu'ils ne peuvent pas apporter de garantie ou parce qu'ils n'ont pas de relations.

Je souhaite, à l'image de ce que nous avons fait pour sauver Alstom lorsque j'étais ministre des Finances, que l'État se donne les moyens de prendre des participations temporaires dans des entreprises stratégiques pour les aider à franchir une mauvaise passe ou pour leur permettre d'échapper à des prédateurs qui auraient surtout pour objectifs de les vider de leur substance et de piller leurs savoir-faire.

Afin de revitaliser le capitalisme familial face au capitalisme boursier, la fiscalité doit être favorable pour les pactes d'actionnaires familiaux alors qu'aujourd'hui elle est dissuasive. L'investissement dans une PME doit être encouragé en donnant le choix au contribuable, dans la limite de 50 000 euros, soit d'acquitter l'ISF, soit d'investir dans une PME.

Je propose que la fiscalité soit une incitation et non plus un frein à l'investissement et à la création d'emplois. Ce sera le cas si l'on cesse de taxer la production de richesse pour taxer plutôt la richesse produite. Mais ce sera encore plus le cas si l'on porte le crédit d'impôt recherche à 100 %, pour favoriser l'investissement dans l'innovation. Ou encore si l'on module l'impôt sur les bénéfices en faisant payer le taux maximum aux entreprises qui suppriment des emplois et qui désinvestissent, et un taux très faible à celles qui investissent et qui créent des emplois. Une telle incitation a l'avantage de ne pas pénaliser les entreprises en difficulté qui, par définition, ne font pas de bénéfice et ne payent pas d'impôt. Il me semble normal qu'une entreprise qui délocalise soit tenue de rembourser les aides publiques dont elle a bénéficié, comme il me semble normal qu'une entreprise ne puisse pas bénéficier d'allégement de charges si, tout en faisant des bénéfices, elle n'augmente jamais les salaires parce que l'on ne peut pas vouloir moraliser le capitalisme et accepter de tels comportements.

Dans cette politique volontariste, les entreprises publiques doivent jouer un rôle actif. Elles ont plus que tout autre une responsabilité vis-à-vis de la nation qu'elles doivent assumer. Il n'est pas acceptable que les participations publiques soient gérées comme un simple portefeuille boursier dans une logique de rendement financier à court terme, sans aucun souci des intérêts stratégiques de l'État actionnaire.

Mais la commande publique doit être aussi mise plus systématiquement à contribution pour appuyer le développement des PME comme c'est le cas aux États-Unis. C'est prétendument contraire aux règles de l'OMC. Mais les États-Unis bénéficient d'une dérogation. Pour quelle raison ce qui est autorisé pour les États-Unis ne le serait-il pas pour l'Europe ?

Je ne me résigne pas à laisser la finance et les marchés décider de tout dans la vie des gens. Dans le mal de vivre actuel, il y a le déracinement. Il y a la souffrance de tous ceux, et notamment les jeunes, qui sont obligés de quitter la terre de leur enfance où leur famille vit souvent depuis des générations, non parce qu'ils ont envie de découvrir le monde mais parce que l'économie locale s'est effondrée. Ils vont s'entasser dans les banlieues des grandes villes où ils ont tant de mal à se faire une place tandis que meurent les terri- toires qu'ils abandonnent et qui ont pourtant fait vivre des hommes durant des millénaires. C'est absurde. L'intérêt de la France, c'est de réindustrialiser les bassins d'emplois en déclin plutôt que de se résigner à ce gâchis économique et humain dont le coût est exor- bitant. L'État ferait mieux d'investir pour créer de nouvelles activités dans ces territoires qui ont une forte tradition de travail et de culture industrielle plutôt que de gaspiller des milliards d'euros d'argent public dans les pré-retraites.

En vérité la France, comme l'Europe, a besoin d'une nouvelle politique industrielle. Ou, pour dire les choses autrement, elle a besoin d'une véritable politique du système productif, de sa capacité d'innovation, de sa spécialisation, de son ancrage territorial, de sa protec- tion contre les prédateurs, de son financement... Elle a besoin de prospective, de stratégie collective, d'intel- ligence économique... La mondialisation appelle en réponse une politique globale, cohérente, déterminée, de la production et de l'investissement qui donne sa chance à chacun et à chaque territoire.

Dans le mal de vivre, il y a la peur du chômage, cette peur de ne pas retrouver d'emploi, cette peur de tout perdre, d'être happé par l'exclusion. Cette peur qui paralyse tant de Français grandit avec l'âge, avec les charges de famille, avec les difficultés du secteur dans lequel on travaille, avec la persistance du chômage de masse. Le meilleur remède, c'est bien sûr le plein emploi, qui est la conséquence d'une politique économique réussie. En attendant que le plein emploi protège efficacement les travailleurs, il faut éviter que perdre son emploi devienne synonyme de tout perdre. Il ne faut pas que les travailleurs vivent dans la peur. Une société dynamique, productive, c'est une société qui n'a pas peur. Pour renouer avec la croissance, le monde du travail doit d'abord vaincre la peur.

Même si la politique monétaire, la politique fiscale, la politique budgétaire, la politique industrielle, l'aménagement du territoire peuvent contribuer à amortir les chocs, à rendre les ajustements et les transitions moins brutaux, la stabilité de l'emploi restera moins grande qu'à l'époque des Trente Glorieuses. Dans un monde où la concurrence est plus intense, où le progrès technique est plus rapide, où les capitaux circulent plus vite, où il sera de plus en plus rare de faire toute sa carrière dans la même entreprise, où les périodes d'activité alterneront plus fréquemment avec des périodes de recherche d'emploi, de formation ou de reconversion, ceux qui exercent plusieurs métiers en même temps seront de plus en plus nombreux. Dès lors, il est nécessaire de repenser la protection du travailleur car, à trop vouloir protéger les emplois, on ne fait que retarder les évolutions nécessaires et décourager l'embauche parce que le chef d'entreprise craint d'avoir les mains liées. Notre droit du travail avec toutes ses protections ne protège plus ou alors si mal. Il ne permet plus depuis longtemps d'endiguer la précarité. La protection sociale doit accompagner le changement, non l'empêcher. Elle doit être un facteur de dynamisme, non une cause d'immobilisme car l'immobilisme fait courir à toute la société un risque bien plus grand que celui du changement.

Nous devons donc repenser notre protection sociale à partir de deux exigences : éviter la peur qui paralyse, éviter l'immobilisme qui fige l'économie.

L'économie a besoin de souplesse. La rupture du contrat de travail par consentement mutuel doit devenir possible sans que le salarié soit privé de ses droits à l'assurance chômage. Le licenciement pour cause économique doit cesser d'être un véritable parcours du combattant. Il doit être plus facile. Mais l'indemnité de licenciement doit être plus importante et il est impensable qu'au début du XXIe siècle quelqu'un puisse être licencié sans qu'on lui dise pourquoi.

Je souhaite que soit discutée avec les partenaires sociaux la création d'un contrat de travail unique. Ce contrat unique, qui pourrait être rompu par consentement mutuel, constituerait le cadre commun dans lequel s'inscriraient tous les contrats particuliers qui forment aujourd'hui un inextricable maquis où se perdent les droits et les devoirs de chacun et qui alimente le développement sans fin des contentieux. Il serait à durée indéterminée et assorti de droits qui se renforceraient avec le temps.

Dans l'avenir, je suis convaincu qu'il faudra moins protéger les emplois que les personnes, qu'au lieu d'essayer vainement d'interdire les licenciements il vaudra mieux accompagner les travailleurs tout au long de leur vie active pour éviter les décrochages, pour faciliter les transitions, pour les aider à trouver un emploi, à se reconvertir.

Le contrat de transition professionnelle actuellement expérimenté va dans ce sens. L'assurance que j'ai proposée pour ceux qui touchent des salaires faibles de voir leur rémunération maintenue en cas de chômage en échange de l'engagement de ne pas refuser plus de deux offres d'emploi correspondant à leur qualification va aussi dans ce sens.

Il en va de même du droit à la formation tout au long de la vie que je veux garantir, de l'allocation formation à partir de dix-huit ans que je veux attribuer à tous ceux qui suivent une formation, et des écoles de la deuxième chance que je souhaite créer dans tous les départements. Dans le même esprit d'accompagnement des parcours individuels, une politique de reclassement des chômeurs plus active me paraît nécessaire sur le modèle de ce qui se pratique avec succès dans beaucoup d'autres pays. La fusion de l'ANPE et de l'Unedic, qui attend depuis vingt ans, permettrait de créer enfin les conditions de cet accompagnement. Cet accompagnement ne permettra pas seulement d'améliorer la recherche d'emploi. Il permettra aussi d'en créer en aidant chacun à mieux connaître ses compétences, à mieux évaluer son potentiel. Il poussera chacun à mieux les exploiter, à libérer son talent, à entreprendre. Il s'agit d'utiliser l'argent du chômage plus seulement pour indemniser mais aussi pour investir dans les hommes, dans leur créativité, dans leur énergie. Ainsi la dépense qui était passive deviendra active.

L'aide à la mobilité, la possibilité d'emprunter à taux zéro pour financer un projet professionnel, pour se payer une formation, pour s'acheter un fonds de commerce ou une voiture pour pouvoir aller travailler, le cautionnement public pour ceux qui ont des projets mais pas de garanties personnelles, tout cela contribuera à sécuriser les parcours individuels.

La possibilité de transmettre sans impôts le fruit de son travail à ses enfants, comme je l'ai proposé, permettra à beaucoup de jeunes Français de disposer d'un capital de départ qui leur apportera une sécurité plus grande.

Permettre aux plus modestes de devenir propriétaires en facilitant l'accès à la propriété du logement social et déduire les intérêts d'emprunt pour l'achat de la résidence principale du revenu imposable est aussi une autre façon de sécuriser les parcours parce que l'on est moins vulnérable aux accidents de la vie professionnelle quand on est propriétaire de son logement. À condition, naturellement, de ne pas accepter comme une fatalité le déclin des territoires qui provoque la chute du prix de l'immobilier. Réindustrialiser les bassins d'emplois en difficulté et favoriser l'accès à la propriété, l'un ne va pas sans l'autre.

La République, pour moi, c'est tous les Français, toutes les villes, tous les quartiers, tous les villages. C'est la France de la mer et celle des campagnes, celle de la métropole et celle de l'outre-mer. C'est une seule et même France, une et indivisible, qui tire le meilleur parti de toutes ses ressources, de tous ses potentiels, de tous ses atouts, de tous ses talents, de tous ses territoires, qui n'en laisse aucun de côté, qui n'en gaspille aucun. Ce que je vous propose, c'est que nous relevions ensemble et non pas séparément le défi de la mondialisation, de cette nouvelle donne internationale, de cette concurrence impitoyable qui broiera ceux qui ne se seront pas donné les moyens de l'affronter.

Ensemble, tous ensemble, nous pouvons réussir à relever ce défi. Séparément nous échouerons.

En ne changeant rien nous perdrions tout.

En changeant tout ce qui est la cause de nos échecs, nous pourrons préserver et faire fructifier le merveilleux héritage de civilisation et de culture que nous ont légué toutes les générations qui pendant des siècles ont travaillé à faire la France. Et cet héritage, nous pourrons à notre tour le léguer à nos enfants.

\* \*

\*

Cette politique de rupture avec les idées et les pratiques du passé, avec la pensée unique qui depuis vingt-cinq ans s'est presque toujours trompée, avec les habitudes qui ne répondent plus aux exigences du présent, elle ne peut être mise en œuvre qu'avec l'accord et la participation de tout le pays, de chacune et de chacun d'entre vous.

D'abord il faut qu'une majorité l'approuve au moment de l'élection présidentielle puis des élections législatives. Ensuite si c'est le cas, le dialogue devra s'ouvrir avec les partenaires sociaux. Je crois à la démocratie sociale. Mais la démocratie sociale doit être aussi irréprochable que la démocratie politique, et comme dans toute démocratie qui se respecte, la discussion doit toujours prévaloir sur l'affrontement. Je souhaite que soit généralisé le système de l'alarme sociale qui a si bien fonctionné dans une entreprise comme la RATP. Mais je veux dire aussi combien à mon sens le fait que, dans une démocratie sociale digne de ce nom, le droit de grève soit sacré ne peut avoir pour conséquence que le service public soit utilisé au nom d'intérêts catégoriels, aussi légitimes qu'ils fussent, pour essayer de faire prévaloir leur point de vue en prenant tous les usagers en otage. C'est la raison pour laquelle, si je suis élu, je soumettrai dès l'été au Parlement un projet de loi instituant un service minimum garanti en cas de grève dans les services publics.

Dans une démocratie sociale digne de ce nom, la représentativité des syndicats doit être réelle et non supposée. Nous ne pouvons pas continuer à faire fonctionner notre démocratie sociale sur une présomption de représentativité qui s'appuie sur l'attitude patriotique pendant la Seconde Guerre mondiale. Je demanderai donc au gouvernement de préparer un projet de loi qui instituera la liberté de présentation au premier tour pour toutes les élections professionnelles et qui fixera les critères de représentativité sur la base du résultat des élections.

Dans une démocratie sociale digne de ce nom, une minorité ne peut pas imposer sa loi à une majorité. Aussi je souhaite rendre obligatoire, au bout de huit jours de grève, l'organisation d'un vote à bulletins secrets qui n'aura aucune incidence sur le droit de grève mais qui permettra que chacun sache réellement à quoi s'en tenir et empêchera qu'une minorité puisse s'exprimer au nom de la majorité.

Mais c'est le grand chantier de la rénovation du dialogue social qui ouvrira une ère nouvelle dans les relations sociales qui ont toujours été difficiles dans notre pays.

Je souhaite que la concertation et la négociation avec les partenaires sociaux soient toujours les préalables au débat parlementaire. Je souhaite que soient repensés les modalités et les instruments du dialogue social.

Je suis convaincu qu'aucune politique de changement, aucune grande réforme ne sera possible sans que les partenaires sociaux et toutes les forces vives de la nation soient associés à la définition d'un projet collectif comme ils le furent au moment des Trente Glorieuses.

Si je suis élu je proposerai aux partenaires sociaux de recréer un lieu où les pouvoirs publics, les syndicats, les représentants du patronat et des professions, les experts, les universitaires, les intellectuels puissent de nouveau non seulement se rencontrer, dialoguer mais aussi réfléchir ensemble, anticiper ensemble les changements à venir, imaginer ensemble la société et le monde de demain, travailler ensemble sur les grands choix collectifs qui doivent s'inscrire dans la durée. Car nous vivons une période de changement comparable à celle de l'après-guerre, où nous devons tout reconstruire pour pouvoir relever des défis d'un type radicalement nouveau, où nous devons tout réinventer tant nos anciennes méthodes, nos anciennes manières de penser sont révolues.

# Ensemble

« Plonger au fond de l'inconnu pour trouver du nouveau », disait Baudelaire. Tel est encore notre destin à l'orée de ce XXIᵉ siècle si plein de promesses et de menaces.

On s'interroge sur le retour de la nation que l'on avait eu tendance depuis quelques décennies à passer par pertes et profits. Ce retour est logique. Il exprime la crainte de se retrouver seul face à l'inconnu, face à un monde d'autant plus menaçant que l'on peine à le comprendre tant il change vite.

Le retour de la nation, c'est l'expression de ce besoin qui grandit de ne pas être seul pour affronter un avenir aussi incertain. C'est l'expression d'un besoin de protection, de solidarité, d'action collective. C'est l'expression du besoin d'être ensemble pour relever un défi dont au fond nous ne savons qu'une chose avec certitude, c'est qu'il est trop grand pour un homme seul.

Le retour de la nation, c'est un besoin d'identité et un besoin de politique. Le local c'est important, mais c'est trop petit. L'Europe c'est l'avenir, mais c'est trop grand et c'est encore trop incertain, trop faible pour remplacer la nation.

La nation, ce sera le sujet numéro un de la politique dans les décennies qui viennent. Pour le meilleur et pour le pire.

Je veux faire en sorte que ce soit pour le meilleur. C'est pour cela que je me suis engagé dans cette campagne. C'est pour cela que depuis des mois je vais à la rencontre des Français.

Ce livre est le fruit de cette rencontre dans toutes les villes de France.

Dans chaque Français que j'ai rencontré j'ai retrouvé la France. Chacun d'eux, à sa façon, ne m'a parlé que d'elle en parlant de ses propres difficultés et de ce qu'il attend de la politique.

À chacun d'eux je n'ai parlé que d'elle. J'ai voulu essayer de répondre à chacun en répondant à tous. J'ai la conviction que les problèmes de chacun ont une cause commune, que toutes les difficultés, toutes les crises sont liées entre elles, qu'elles forment une seule et même crise qui est une crise profonde, une crise de l'État et de la République, une crise de la politique et des valeurs sur lesquelles elle se fonde, une crise de notre rapport à un monde qui change et où la France a du mal à trouver sa place, où les Français ont du mal à se projeter dans l'avenir, du mal à croire que cet avenir leur appartient encore, que quelque chose est encore possible qui dépend d'eux.

*Ensemble*

Presque au terme de cette campagne où tant de sujets auront été abordés, tant de paroles prononcées, tant de promesses faites, j'ai voulu vous dire pourquoi et comment nous pouvions encore rêver d'un avenir meilleur pour nos enfants, pourquoi et comment tout pouvait redevenir possible pour nous tous, pour la France qui est le nom que nous donnons à notre destin commun. Je n'ai pas voulu décrire un programme de gouvernement mais dessiner une grande ambition collective. Cette ambition, je voudrais la partager avec vous.

Ensemble, nous pouvons faire à notre tour ce que les générations qui nous ont précédés ont fait avant nous.

Tout au long de son histoire, le peuple français a accompli de grandes choses. Nous pouvons en accomplir aussi. Nous pouvons rendre à la France sa grandeur. Nous pouvons retrouver la fierté d'être Français. Si nous nous unissons, si nous le voulons, si nous le décidons.

Le 22 avril et le 6 mai prochains, chacun d'entre nous, en son âme et conscience, devra faire un choix. Il devra choisir entre la résignation et l'action.

Ce choix a été trop longtemps différé. Il ne peut plus attendre.

Je le sais, au-delà de toutes nos différences, nous avons en commun la même idée de la France et de la République.

Ensemble, forts de ce lien qui nous unit tous, Français de toutes origines, de tous milieux, de tous âges, nous pouvons retrouver la capacité de vivre ensemble, d'agir ensemble, d'espérer ensemble.

# Table

*Achevé d'imprimer sur les presses de*

**BUSSIÈRE**

GROUPE CPI

*à Saint-Amand-Montrond (Cher)*
*en mars 2007*

N° d'édition : 1229/01. — N° d'impression : 071276/4.
Dépôt légal : avril 2007.
*Imprimé en France*